24

SCHMUSETIERE NÄHEN

KARINE THIBOULT-DEMESSENCE

24 SCHMUSETIERE NÄHEN

FOTOS
FABRICE DEMESSENCE

CV

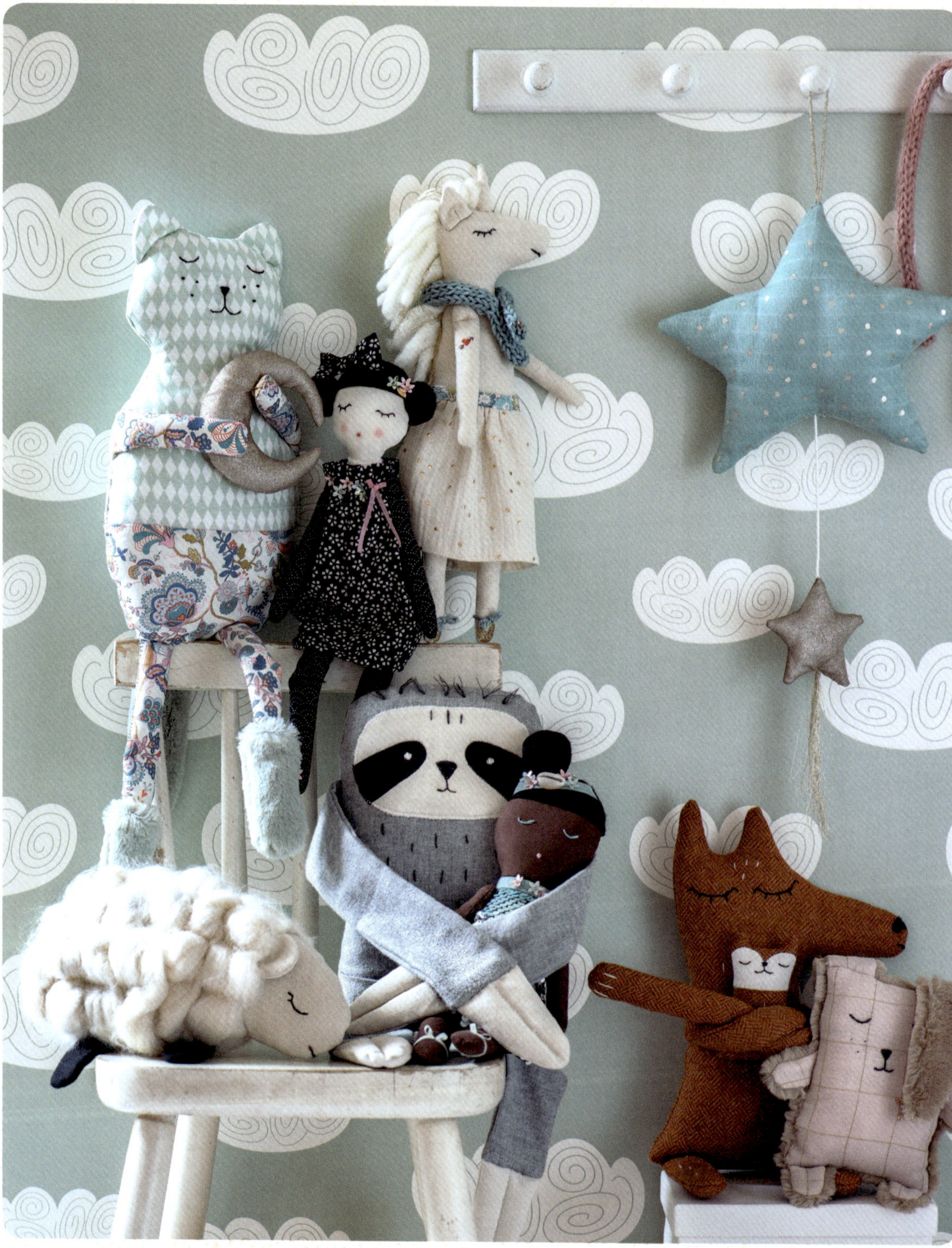

INHALT

Aus dem Nähkästchen geplaudert

Wissenswertes

GRUNDAUSSTATTUNG

Bügeleisen • Maßband • Schneiderschere • Stecknadeln • Nähnadeln • Stickrahmen (verschiedene Größen) • Sticknadeln • Durchschreibe- oder Transferpapier • Karopapier • Kugelschreiber (schwarz) • selbst löschender Textilstift (für die Stickerei) • Holzstab (oder Kochlöffelstiel) zum Wenden schmaler Teile • Füllwatte • und natürlich eine Nähmaschine

Vor dem Nähen

Die meisten Stoffe sollten zuerst gewaschen werden, um die Appretur zu entfernen und damit sie später nicht mehr einlaufen. Für Babys empfehlen sich weiche Stoffe und Bio-Baumwolle.

Vor dem Zuschneiden werden die Stoffe schön glatt gebügelt. Damit die Ergebnisse perfekt ausfallen, solltest du außerdem jede Naht gleich nach dem Nähen bügeln.

Zum Nähen verwendest du am besten Polyestergarn. Es ist haltbarer als Baumwollnähgarn.

Tipp: Wenn du kein Garn findest, das exakt zum Stoff passt, verwende einen etwas dunkleren Farbton.

Die Sache mit dem Fadenlauf

Der Fadenlauf entspricht der Webrichtung des Stoffs. Er verläuft parallel zu den Webkanten. Er muss beim Zuschneiden berücksichtigt werden, damit sich der Stoff nicht verzieht.

Die Schnittmuster (Vorlagen)

Am besten lassen sich die Vorlagen mit einem Fotokopierer vergrößern. Du kannst sie auch scannen und vergrößert ausdrucken. Alle Schnittmuster können auf A4-Papier kopiert oder gedruckt werden.

Schnittmuster auf Stoff übertragen

Lege ein Stück Durchschreibepapier auf den Stoff. Darauf legst du die vergrößerte Kopie deines Schnittmusters und zeichnest die Umrisslinien mit kräftigem Druck mit einem Bleistift nach. So werden die Umrisse auf den Stoff übertragen. Danach nicht sofort zuschneiden, sondern zuerst die Stickereien arbeiten, denn um Stoff in einen Stickrahmen einzuspannen, darf er nicht zu klein sein. Nach dem Sticken schneidest du die Teile mit **1 cm Nahtzugabe** zu (sofern nichts anderes angegeben ist). **Vergiss nicht die kleinen Teile wie Pfoten, Ohren etc.**

Tipp: Auf Filz und Plüsch lassen sich Konturen so schlecht übertragen. In diesen Fällen schneidest du die kopierten Teile aus dem Papier aus und steckst sie wie normale Schnittmuster auf den Stoff.

Zuschneiden

Der Zuschnitt gelingt nur sauber, wenn der Stoff glatt liegt. Beim Schneiden sollte die untere Klinge der Schere immer Kontakt zur Arbeitsfläche haben. Mit der freien Hand hältst du den Stoff hinter der Schere flach. Du kannst auch einen Rollschneider benutzen.

Spiegelverkehrte Teile

Um zwei identische, aber spiegelverkehrte Teile zuzuschneiden, faltest du den Stoff entlang dem Fadenlauf rechts auf rechts. Dann kannst du beide Teile in einem Arbeitsgang zuschneiden.

Versäubern

Versuche nicht, Zeit zu sparen, indem du auf das sorgfältige Versäubern der Schnittkanten verzichtest. Unversäuberte Nähte werden im Lauf der Zeit schwächer: Die Naht kann reißen oder das Gewebe kann sich durch den starken Zug lösen. Das wäre für die Tiere und Puppen tödlich.

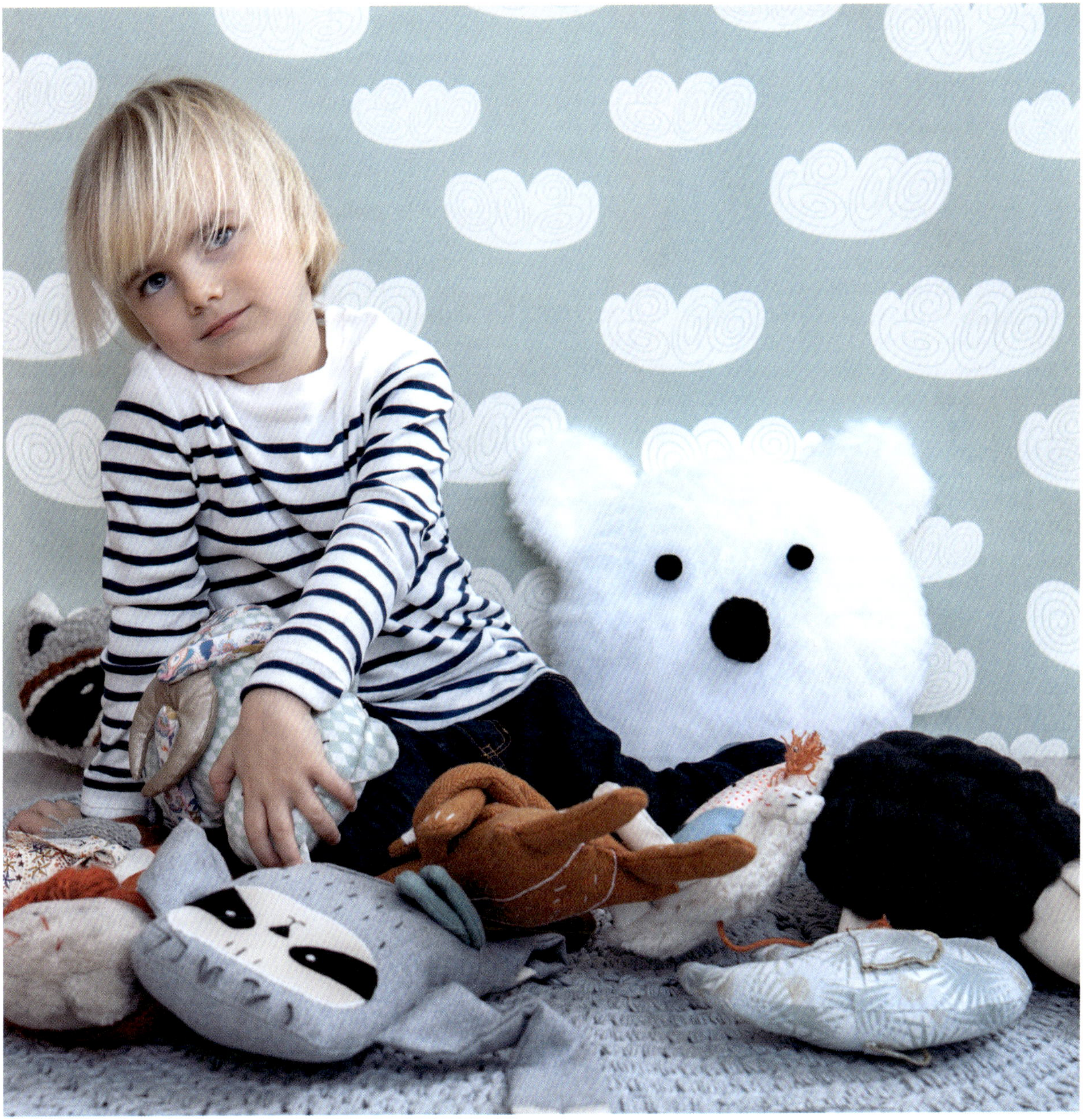

Perfekte Rundungen

Im Bereich von Rundungen müssen die Nahtzugaben etwa 5 mm tief eingeschnitten oder eingekerbt werden. Das ist wichtig, damit die Rundungen nach dem Wenden glatt liegen und sich die Nahtzugaben nicht wellig oder wulstig abzeichnen.

Besondere Materialien

Volumenvlies wird zum flächigen Wattieren benötigt.
Haftvlies (Klebevlies mit Trägerpapier) wird verwendet, um Applikationen vor dem Nähen auf dem Untergrund zu fixieren. Außerdem versteift es den Stoff und erleichtert das Zuschneiden kleiner Teile. Das Vlies mit der beschichteten Seite auf die linke Stoffseite der Applikation legen und bügeln: Die Beschichtung schmilzt und das Vlies klebt am Stoff. Das Schnittteil zuschneiden, dann erst das Trägerpapier abziehen und die Applikation auf den Zielstoff bügeln.

Ausstopfen

Zuerst werden Ecken und Zipfel ausgestopft, dann das Hauptteil und zuletzt der Bereich in der Nähe der Öffnung.

Sticken

Den Stoff in einen Stickrahmen passender Größe einlegen, ohne ihn dabei stark zu dehnen, und die Schraube festziehen. Zum Sticken eignet sich geteilter Sticktwist. Je nachdem, wie dick die Stickerei ausfallen soll, kannst du 2 oder 3 Fäden verwenden. Sehr gut eignet sich auch Stopfgarn aus reiner Wolle.
Alle durchgehenden Linien, z. B. Lidränder oder Münder, werden im **Stielstich** gestickt: Mit der Nadel zur rechten Stoffseite stechen. Etwas tiefer einstechen und 3 mm schräg oberhalb wieder ausstechen. Der Faden liegt beim Durchziehen der Nadel über der Nadelspitze. Fortlaufend wiederholen.

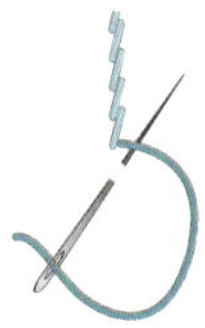

Einzelne kurze Striche, etwa Wimpern oder Fell- oder Schnurrhaare, stickst du mit **Spannstichen:**

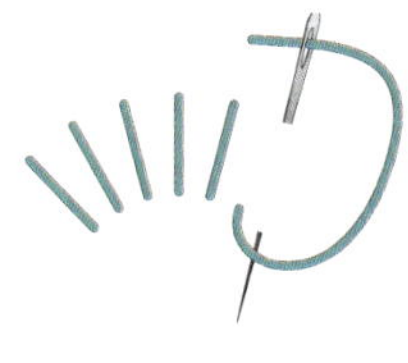

Tipp: Umrisse von Schnauze oder Augen im Stielstich sticken, die Fläche locker mit Spannstichen ausfüllen.

Für kurze Barthaare und Pupillen eignet sich der **Knötchenstich:** Mit der Nadel an der gewünschten Stelle ausstechen, den Faden 2x um die Nadelspitze wickeln und gut festziehen. Dann dicht neben dem Ausstich wieder einstechen. Beim Durchziehen des Fadens die Wicklung auf dem Stoff festhalten, damit sie sich nicht auflöst.

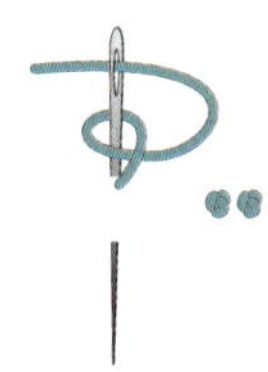

Knopflochstich: Einen Stich senkrecht von oben nach unten führen. Beim Durchziehen liegt der Faden unter der Nadelspitze. Fortlaufend in engen Abständen wiederholen. Ideal zum Einfassen von Kanten, zum Applizieren und zum Ausfüllen von Flächen.

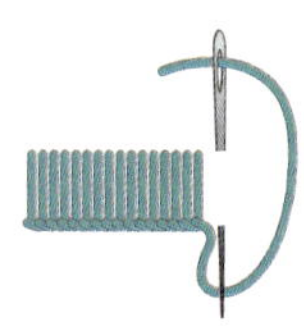

Applizieren mit der Nähmaschine: Dafür stellst du an deiner Maschine einen relativ breiten, aber sehr engen Zickzackstich ein.

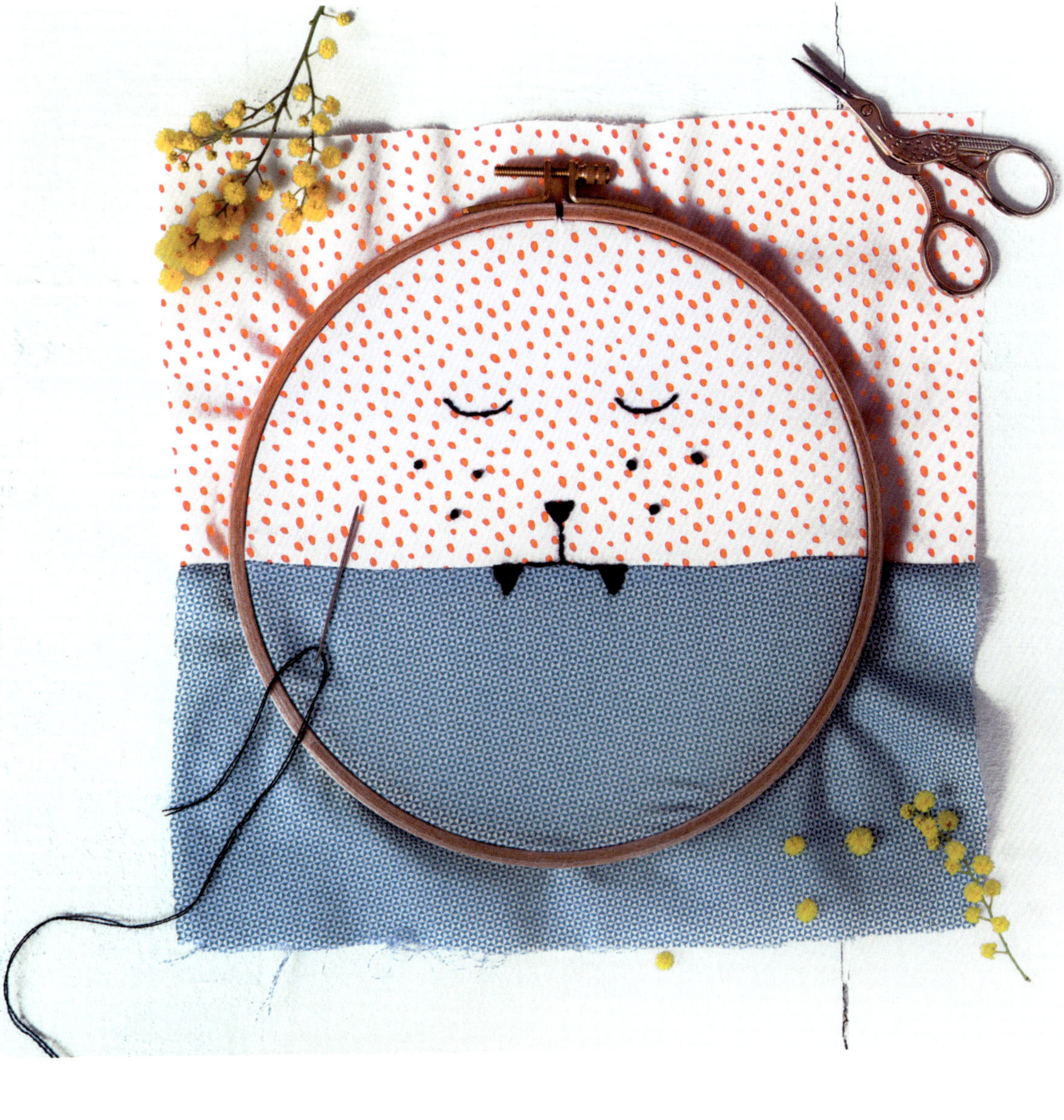

STRICKEN

Kleine Schals und Schärpen werden über 6–8 Maschen glatt rechts gestrickt. Nach dem Anschlag beginnst du mit einer Reihe linker Maschen.

Die Maschen werden auf einer einzelnen Stricknadel angeschlagen. Um die nötige Fadenlänge für den Anschlag zu kalkulieren, hilft die Formel **1 Wicklung um die Nadel = 1 Masche** oder etwa 1 cm bei dünnem Garn – plus mind. 10 cm zum Vernähen. An der ermittelten Position den Faden einfach um die Stricknadel knoten (siehe Illustrationen unten). Den losen Faden wie unten abgebildet um den Zeigefinger legen. Mit der Nadel von unten/vorne in diese Schlaufe einstechen, aber die Schlaufe nicht vom Finger nehmen. Den linken Faden (vom Knäuel) von vorne nach hinten um die Nadelspitze legen. Mit dem rechten Zeigefinger die auf ihm liegende Schlaufe darüberheben. An beiden Fäden ziehen, fertig ist die Masche. Wiederholen, bis die erforderliche Maschenzahl auf der Nadel liegt. Der erste Knoten zählt bereits als Masche.

MASCHEN ANSCHLAGEN

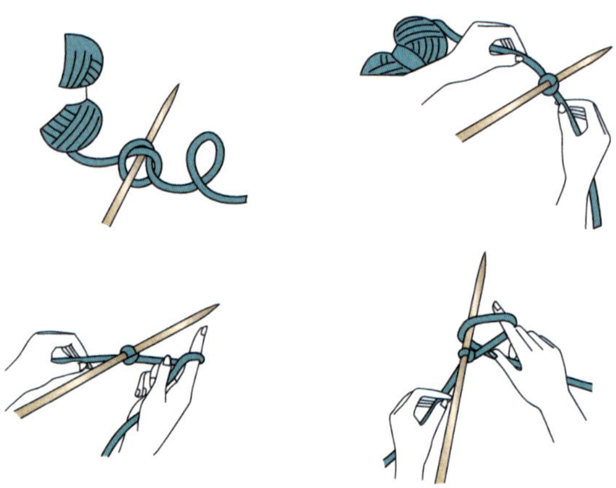

Links stricken: Die Stricknadel mit den angeschlagenen Maschen in die linke Hand nehmen, eine zweite (leere) Stricknadel in die rechte.

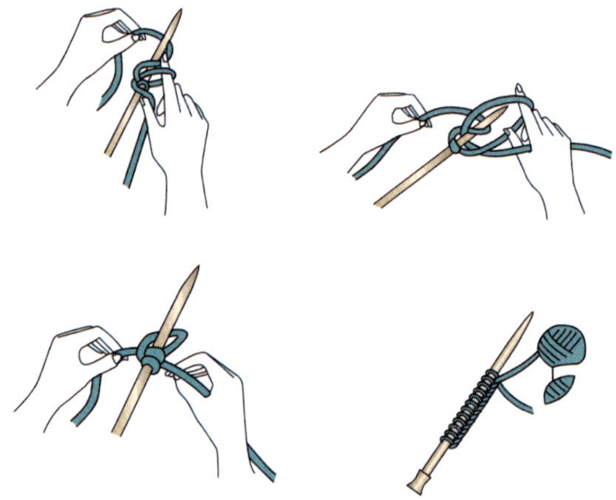

Von rechts/hinten nach links/vorn in die erste Masche einstechen. Die rechte Stricknadel liegt vor der linken. Den Faden um die rechte Stricknadelspitze legen, durch die Anschlagsmasche ziehen und die angeschlagene Masche von der linken Nadel gleiten lassen. Die erste Masche der neuen Reihe liegt nun auf der rechten Stricknadel. Bis zum Ende der Reihe wiederholen. Danach liegen alle Maschen auf der rechten Nadel.

LINKE MASCHEN

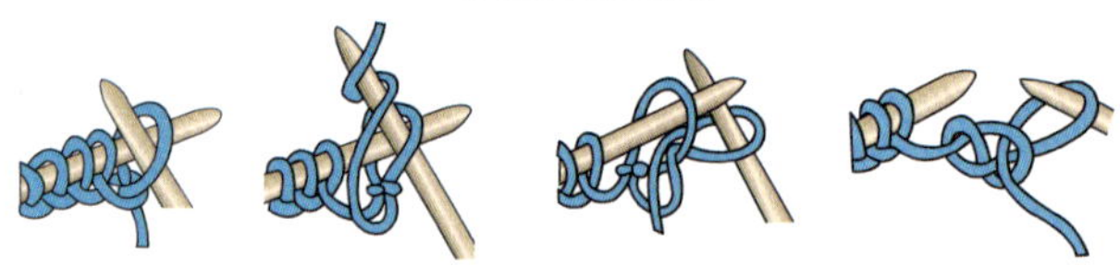

Rechts stricken: Die Arbeit wenden. Die Stricknadel mit den Maschen in die linke Hand nehmen. Die leere Stricknadel in die rechte Hand nehmen. Nun folgt eine Reihe rechter Maschen. Mit der rechten Stricknadel von vorn nach hinten in das rechte Maschenglied der ersten Masche auf der linken Nadel einstechen. Die rechte Stricknadel liegt hinter der linken. Den Faden um die rechte Nadelspitze legen, durchholen und die Masche der Vorreihe von der linken Nadel gleiten lassen, die übrigen Maschen dabei mit dem Zeigefinger festhalten. Die erste Masche der neuen Reihe liegt nun auf der rechten Nadel. Bis zum Ende der Reihe wiederholen.

RECHTE MASCHEN

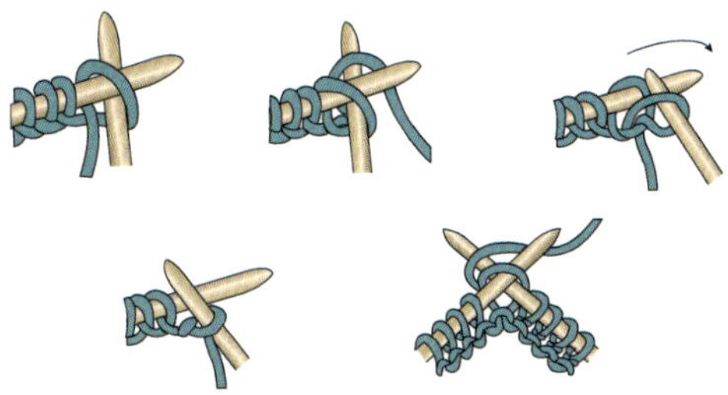

Um »glatt rechts« zu stricken, wird immer im Wechsel eine Reihe rechter Maschen und eine Reihe linker Maschen gearbeitet.
Letzte Reihe: Zwei Maschen stricken. Mit der linken Stricknadel in die erste (rechts liegende) Masche auf der rechten Nadel einstechen und diese über die zweite/linke Masche heben. Dabei den Arbeitsfaden gut gespannt halten. Auf der rechten Nadel liegt wieder nur noch eine Masche. Eine Masche von der linken Nadel abstricken, wie zuvor die erste (rechts liegende) Masche über die zweite ziehen. Fortlaufend wiederholen, bis noch eine Masche übrig ist. Den Faden nicht zu kurz abschneiden und durch diese letzte Masche ziehen. Dann den Faden möglichst unauffällig auf der Rückseite oder am Rand vernähen.

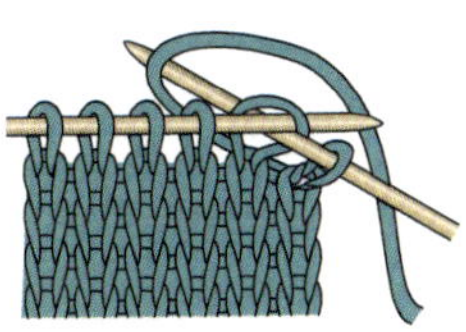

GLATT RECHTS VORDERSEITE

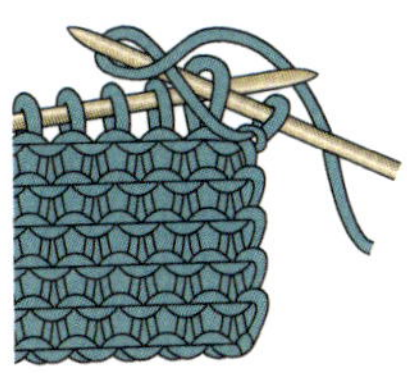

GLATT RECHTS RÜCKSEITE

SICHERHEIT GEHT VOR

Für Kinder unter drei Jahren solltest du auf Pompons, Perlen, Knöpfe und andere kleine Teile, die sich unter Belastung lösen und verschluckt werden könnten, verzichten.

MIT MUSIK!

Im gut sortierten Kurzwarenhandel kann man Rasseln und Spieluhren kaufen, die man in Stofftiere und Puppen einnähen kann.

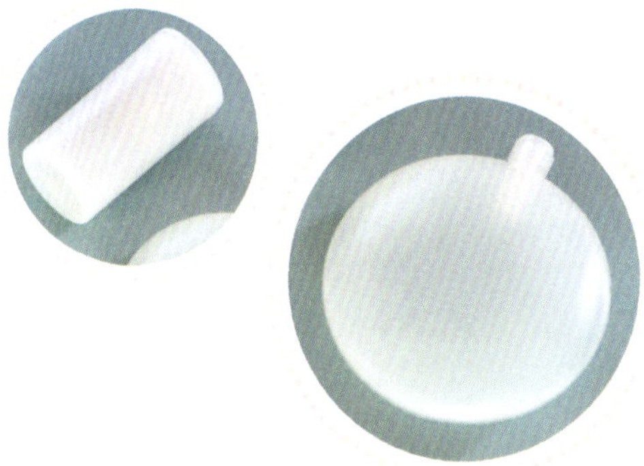

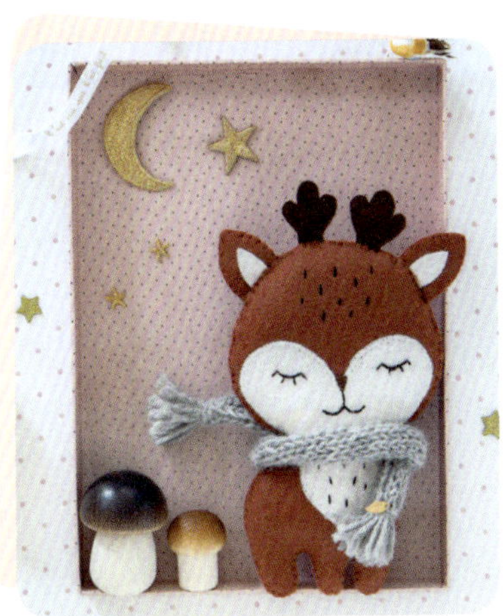

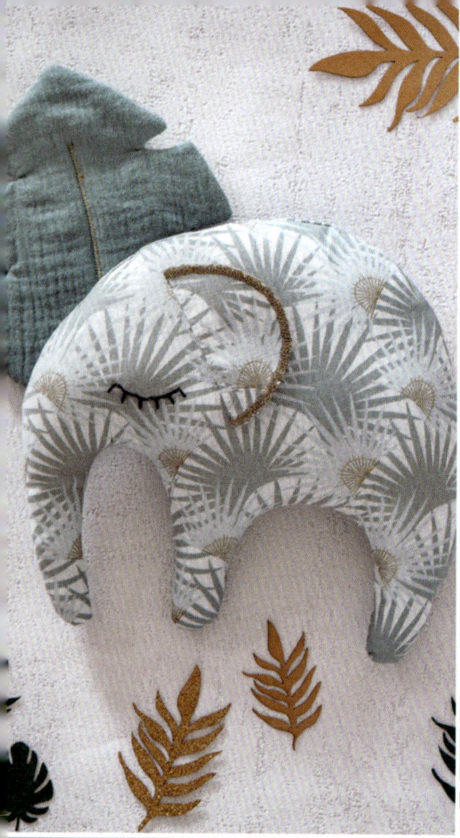
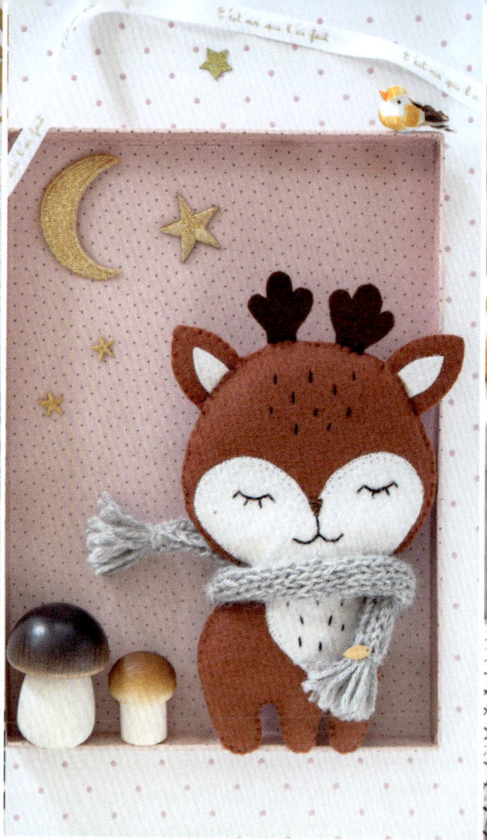
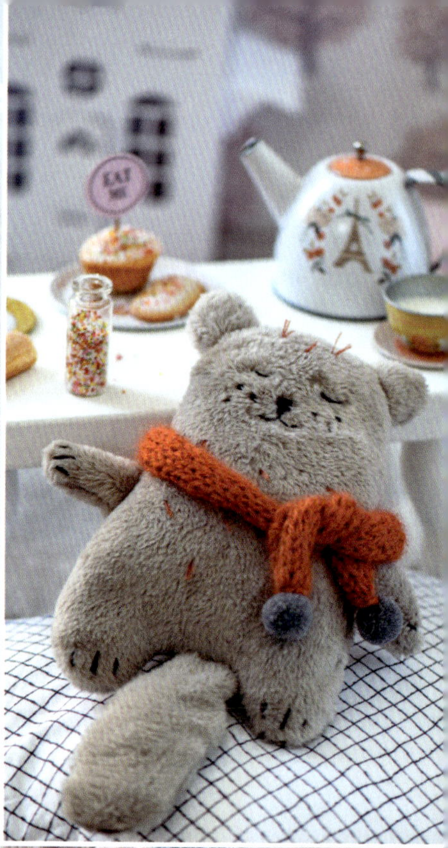
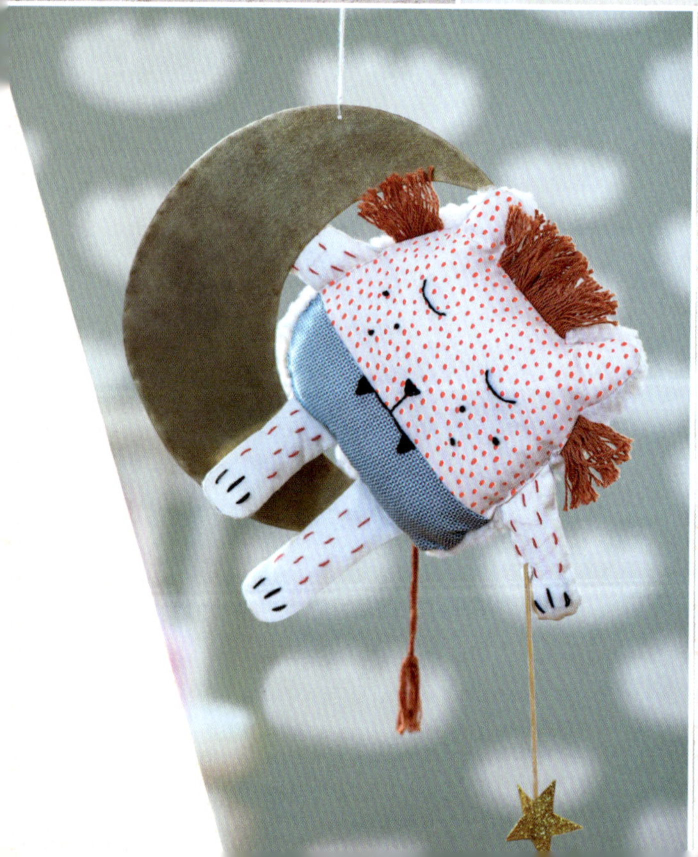
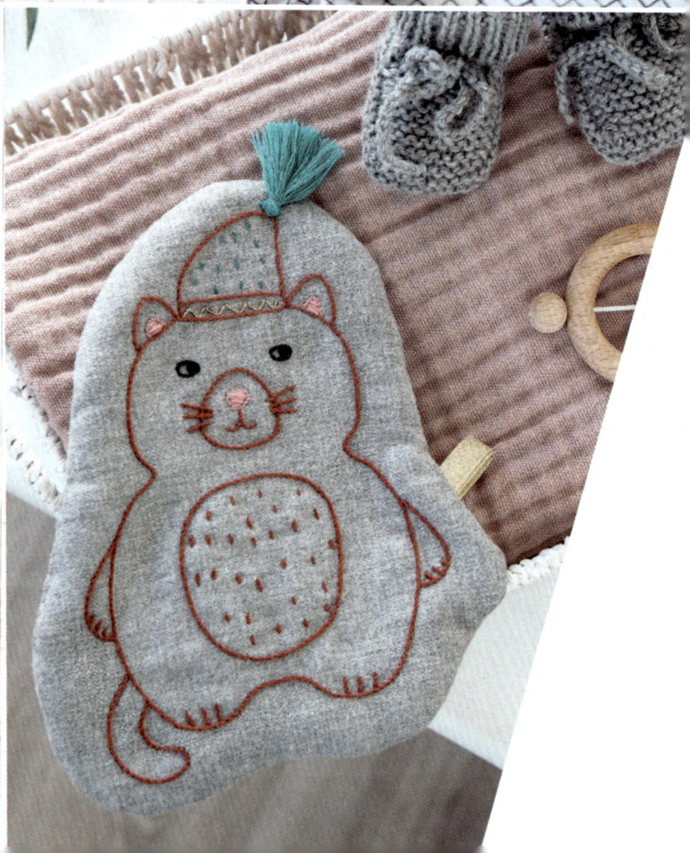

Für die Kleinsten

LEVEL

HÖHE
20 CM

KLEINER ELEFANT

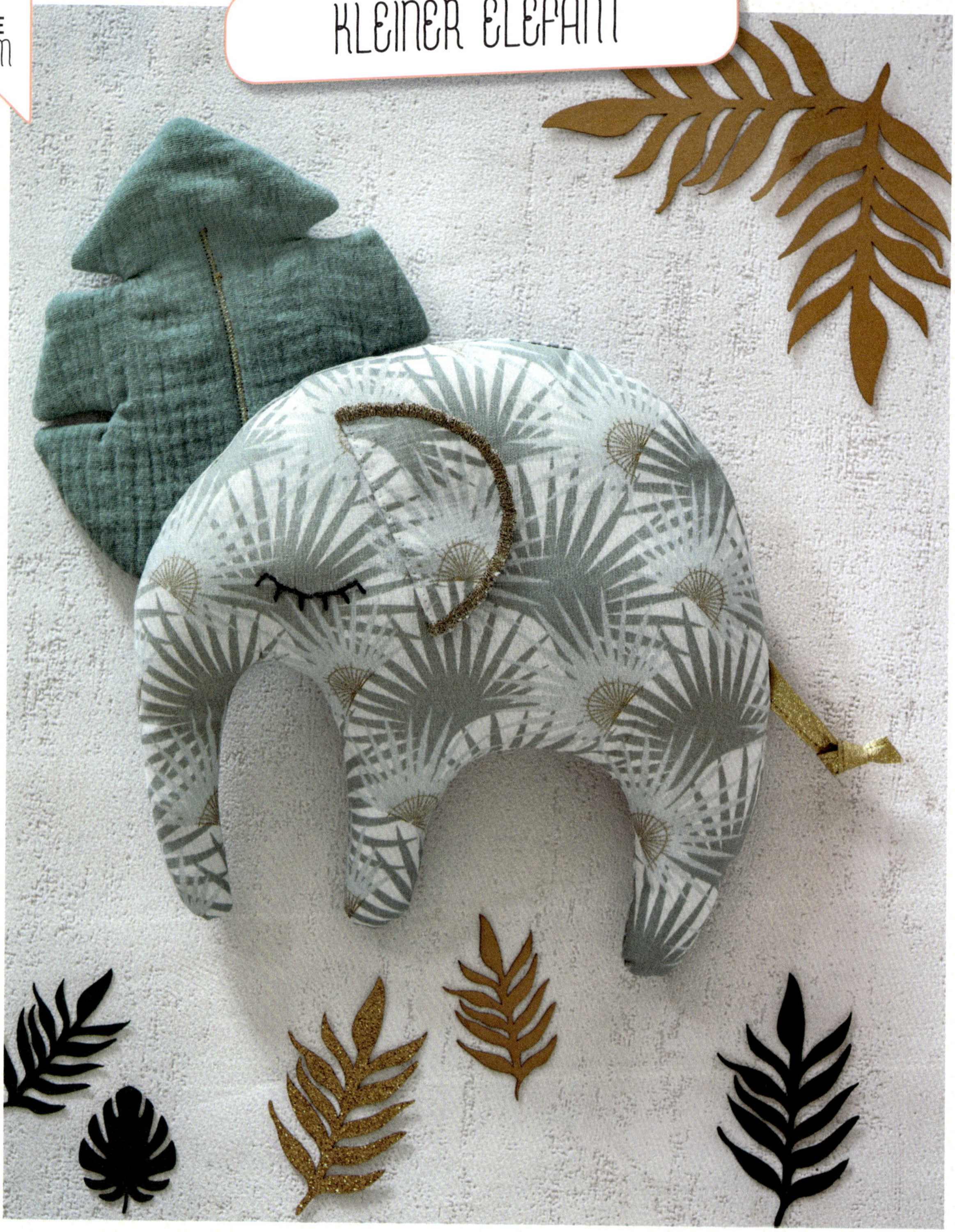

MINIRENTIER

LEVEL
HÖHE 19 CM

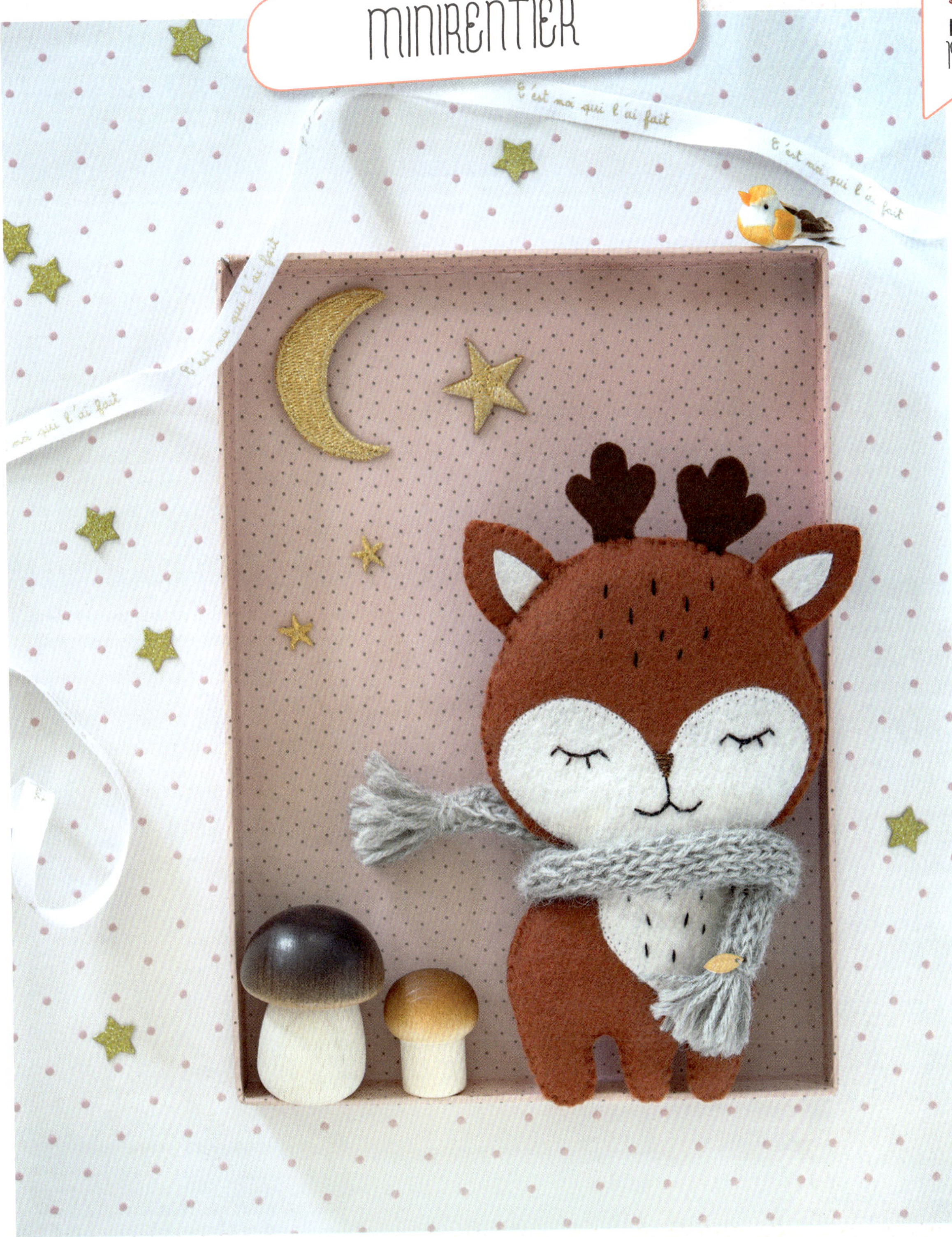

KLEINER ELEFANT

MATERIAL

25 x 150 cm Stoff mit Palmenmuster · 15 cm Schrägband in Gold · 10 cm Haftvlies · Nähgarn in Gold · Nähgarn in Ecru und Beige · Wollstickgarn in Anthrazit

1 STICKEN

Die Vorlagen gemäß Angabe vergrößern. Konturen, Auge und Position des Ohrs mit Durchschreibepapier auf beide Stoffteile (1x spiegelverkehrt) übertragen. Die Stoffteile nacheinander in einen Stickrahmen einspannen und das Auge mit anthrazitfarbenem Garn (2-fädig) aufsticken.

2 ZUSCHNEIDEN

Das Ohr 4x mit Durchschreibepapier auf den Stoff übertragen. Zuschneiden, dabei nur an der Unterkante 1 cm zugeben. Elefantenvorder- und -rückseite zuschneiden.

3 OHREN

Je 2 Ohren links auf links mit Haftvlies zusammenbügeln. Die Rundungen mit engem Zickzackstich und Goldgarn versäubern. Die Ohren mit Garn in Ecru an die Markierungen nähen, nach hinten falten und knapp absteppen.

4 SCHWANZ

Die offenen Kanten des Schrägbands mit Garn in Beige zusammensteppen, um ein Band zu erhalten. Ein Ende verknoten und kurz abschneiden. Den Schwanz hinten auf die rechte Stoffseite stecken.

5 ZUSAMMENNÄHEN

Die beiden Körper rechts auf rechts stecken (der Schwanz liegt innen), dann zusammennähen (Schwanzansatz mitfassen). Eine Öffnung zum Ausstopfen lassen.

6 AUSSTOPFEN

Den Elefanten durch die Öffnung auf rechts wenden und ausstopfen. Die Öffnung mit der Hand zunähen.

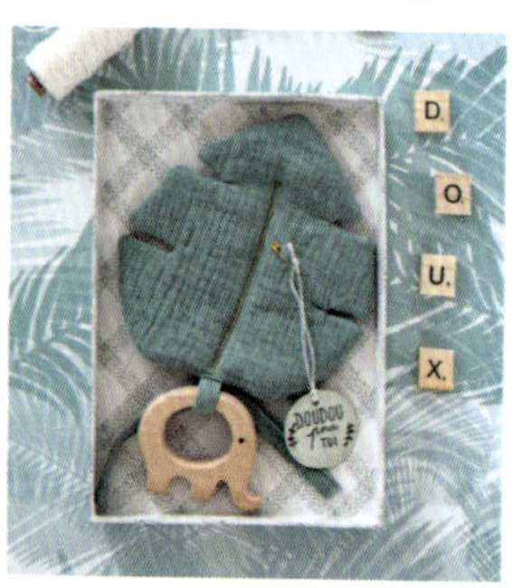

Blatt siehe Beißring auf Seite 58.

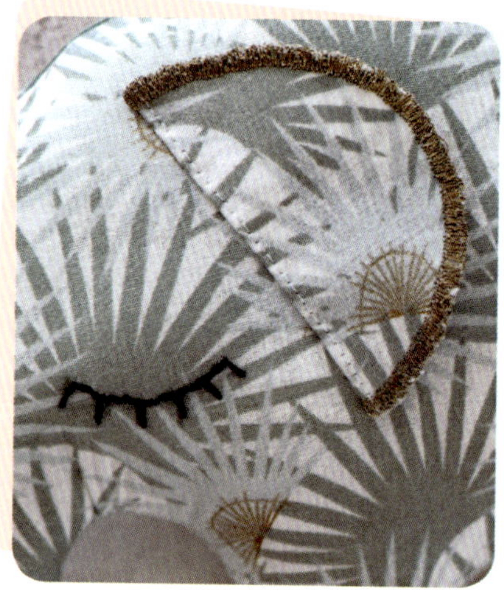

1

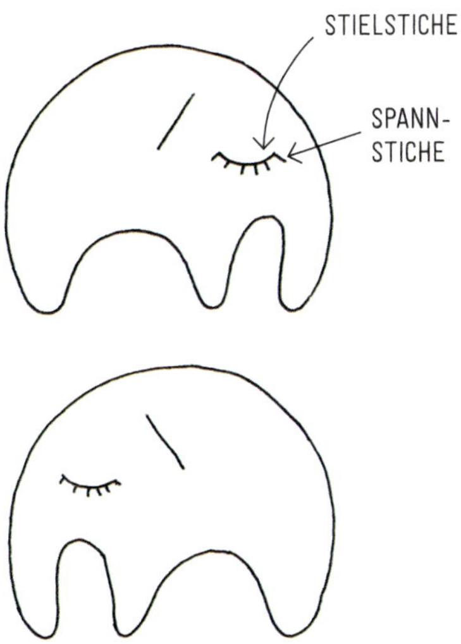
STIELSTICHE
SPANN-
STICHE

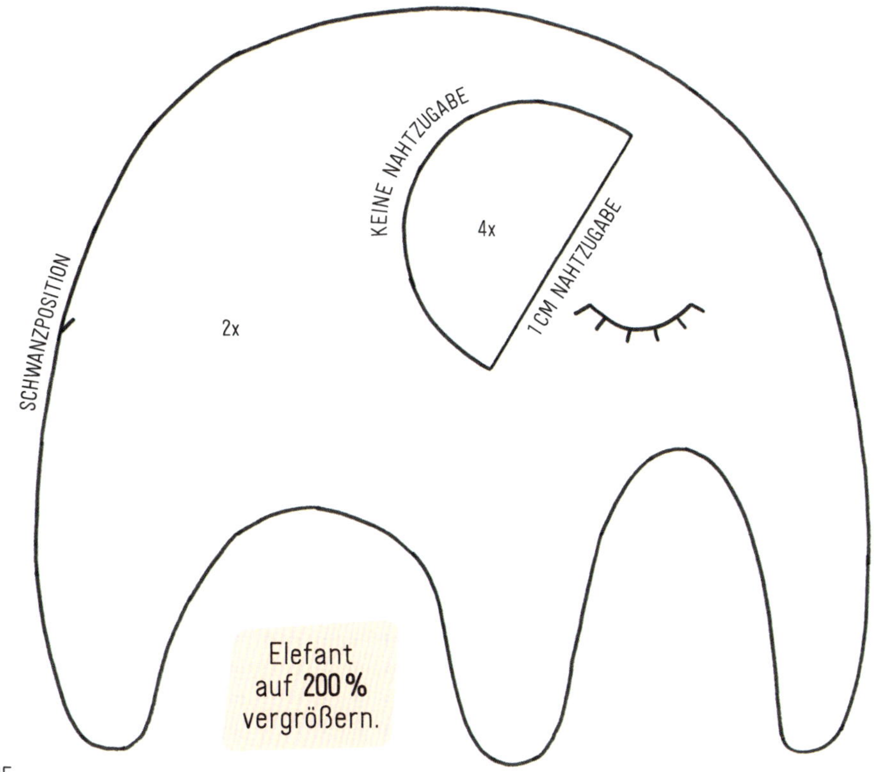
KEINE NAHTZUGABE
4x
1 CM NAHTZUGABE
SCHWANZPOSITION
2x
Elefant
auf 200 %
vergrößern.

1

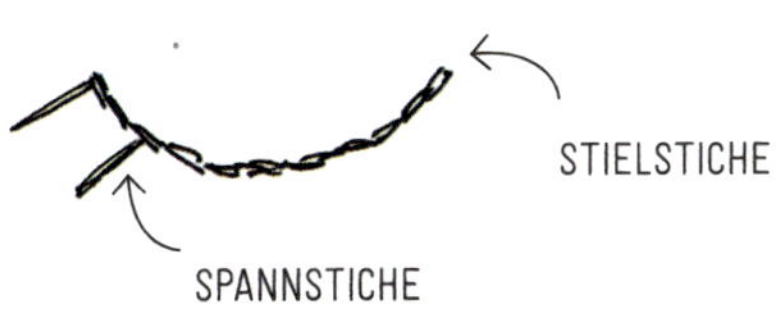
STIELSTICHE
SPANNSTICHE

4

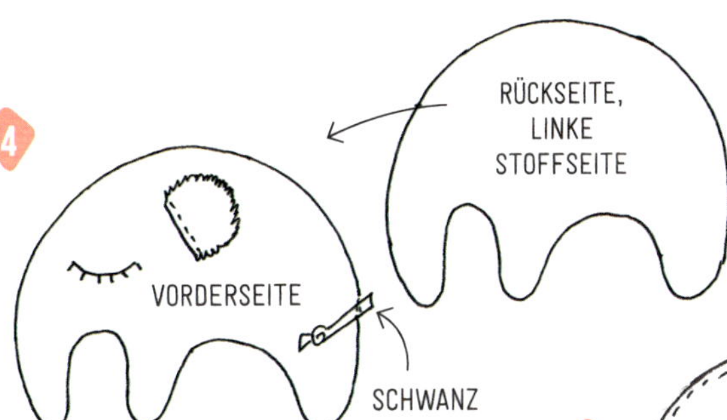
RÜCKSEITE,
LINKE
STOFFSEITE
VORDERSEITE
SCHWANZ

3

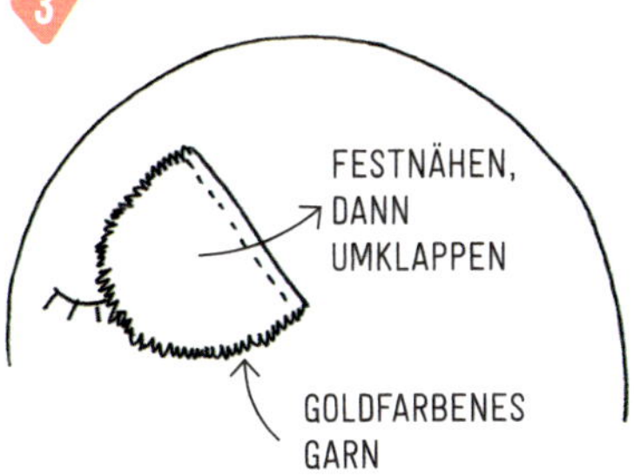
FESTNÄHEN,
DANN
UMKLAPPEN
GOLDFARBENES
GARN

5

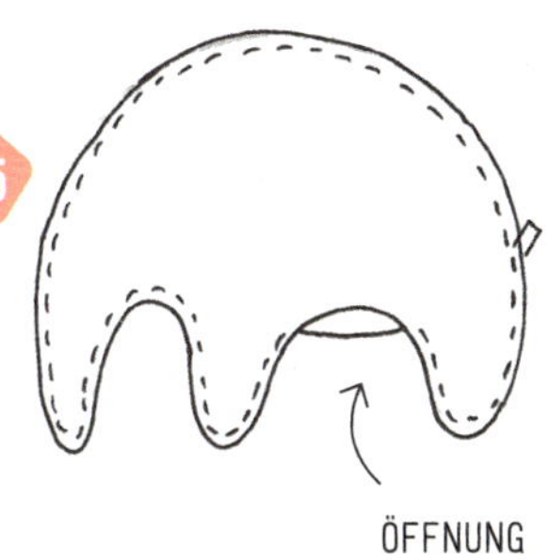
ÖFFNUNG

MINIRENTIER

MATERIAL

20 x 30 cm Wollfilz in Zimtbraun, kleinere Stücke in Dunkelbraun und Weiß · Wollstickgarn in Schwarz · Stickgarn in Kupfer · Strickwolle in Grau · Perle in Blattform · 1 Paar Stricknadeln Nr. 4 · Textilkleber · Haftvlies · Nähgarn in Weiß und Zimtbraun

1 ÜBERTRAGEN

Körper, Geweih, Gesicht und Ohren gemäß Angabe vergrößern. Die Umrisse des Rentiers 2x auf zimtbraunen Filz übertragen, das Gesicht auf weißen Filz.

2 NÄHEN

Das Gesicht ausschneiden und mit Haftvlies auf den zimtbraunen Filz bügeln. Ringsherum festnähen.

3 STICKEN

Die zusammengenähten Teile in einen Stickrahmen einspannen. Augen und Mund mit Wollstickgarn (2-fädig) sticken, die Nase mit kupferfarbigem Garn. Einzelne Haare auf Brust und Stirn sticken.

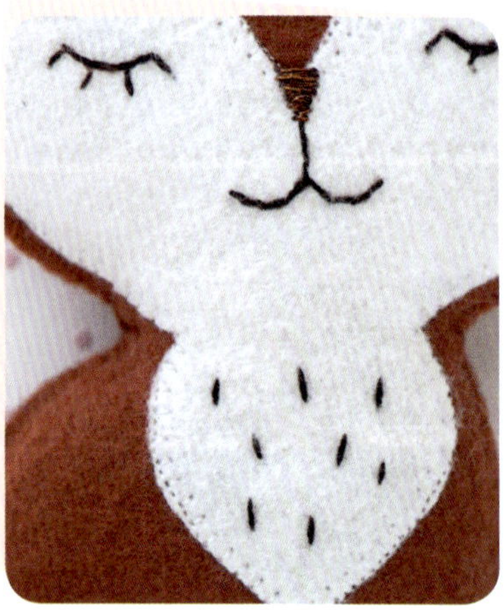

4 ZUSCHNEIDEN

Den bestickten Körper zuschneiden. Ein zweites Teil seitenverkehrt für die Rückseite zuschneiden. Beim Zuschneiden von Geweih und Ohren nur an der Unterkante 1 cm zugeben. Zuletzt die weißen Innenohren ebenfalls mit 1 cm Zugabe an der Unterkante zuschneiden.

5 OHREN

Je 2 Ohren mit Knopflochstich zusammennähen (unten nicht). Das weiße Innenohr in die Mitte kleben.

6 ZUSAMMENNÄHEN

Geweih und Ohren an die linke Stoffseite der Rückseite nähen. Dann Vorder- und Rückseite links auf links ringsherum mit engen Knopflochstichen zusammennähen. Eine Öffnung zum Ausstopfen lassen.

7 AUSSTOPFEN

Den Körper durch die Öffnung ausstopfen.

8 STRICKEN

Einen kleinen Schal glatt rechts stricken: 7 Maschen breit und 40 cm lang (siehe Seite 11). Kleine Troddeln basteln und gut festnähen. Die Blattperle an den Schal nähen.

Rentier

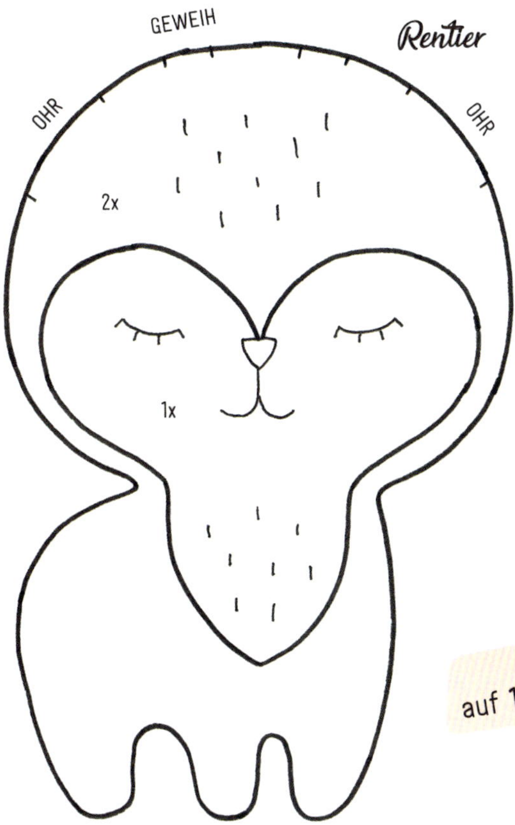

1

Geweih

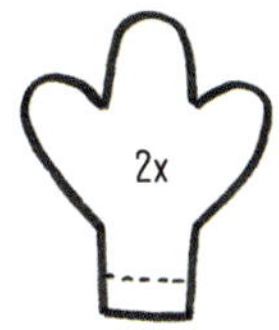

Ohr

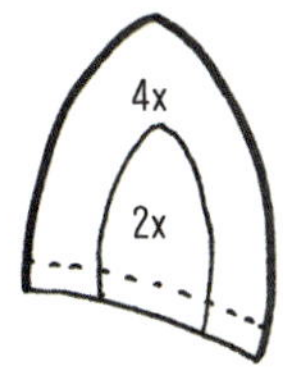

Keine Nahtzugabe

Alle Teile auf **180 %** vergrößern.

2

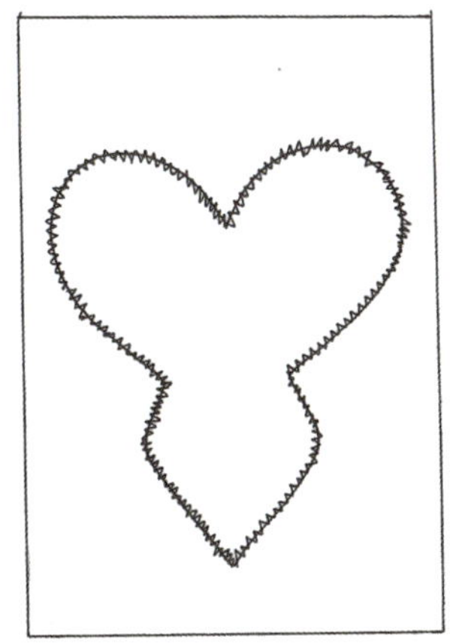

3

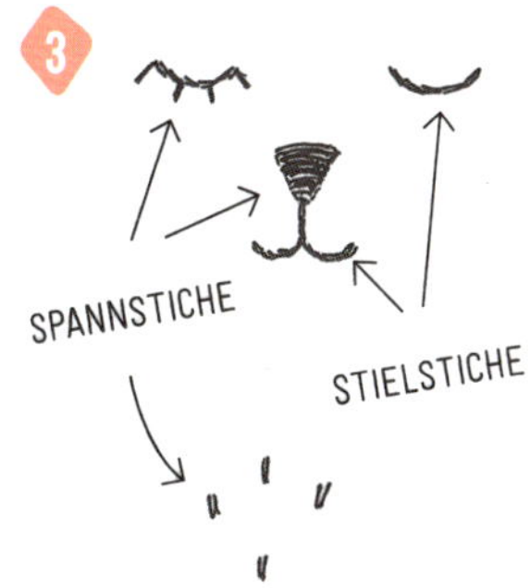

5

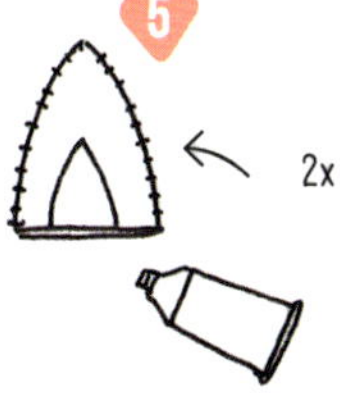

6

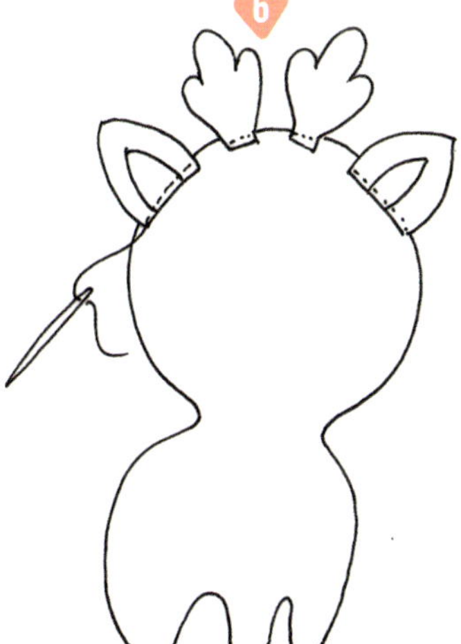

7

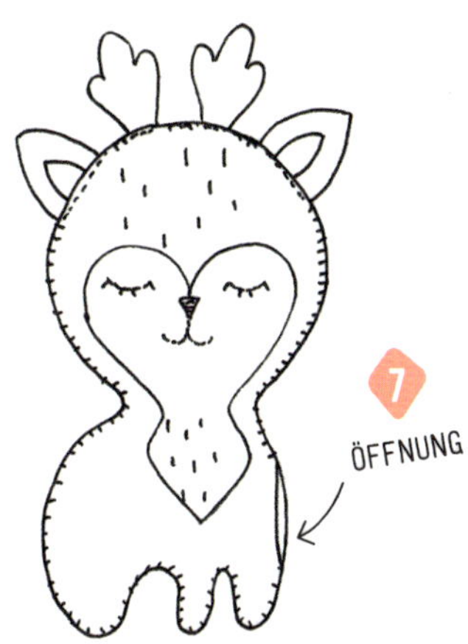

8

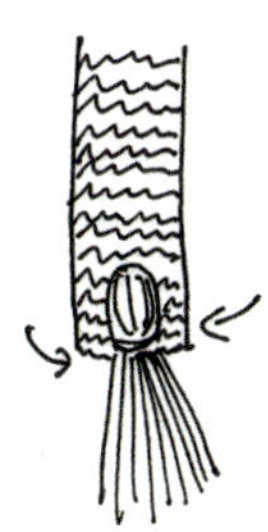

LEVEL

HÖHE
22 CM

VERSCHLAFENES MURMELTIER

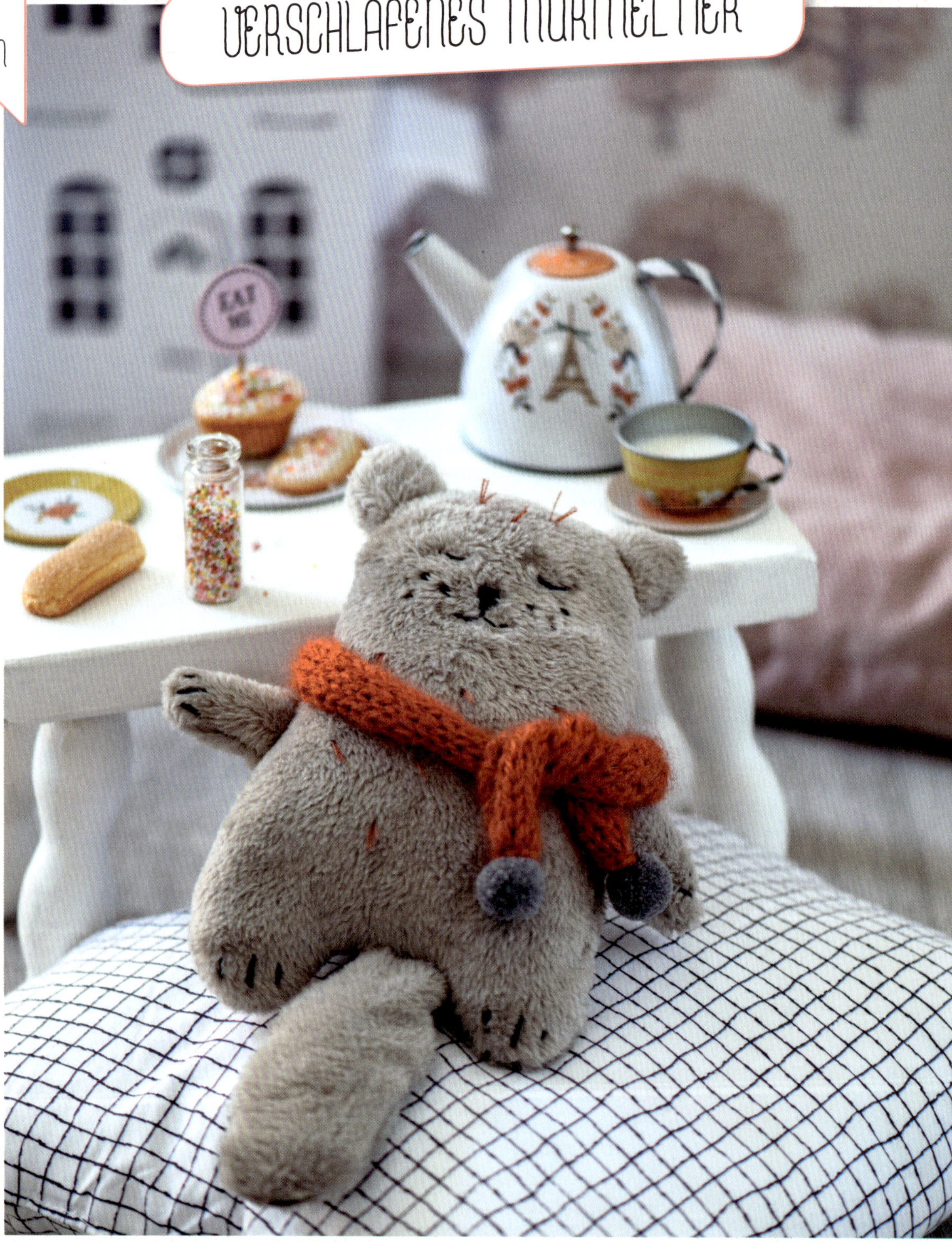

KASPERKATER

LEVEL

HÖHE
22 CM

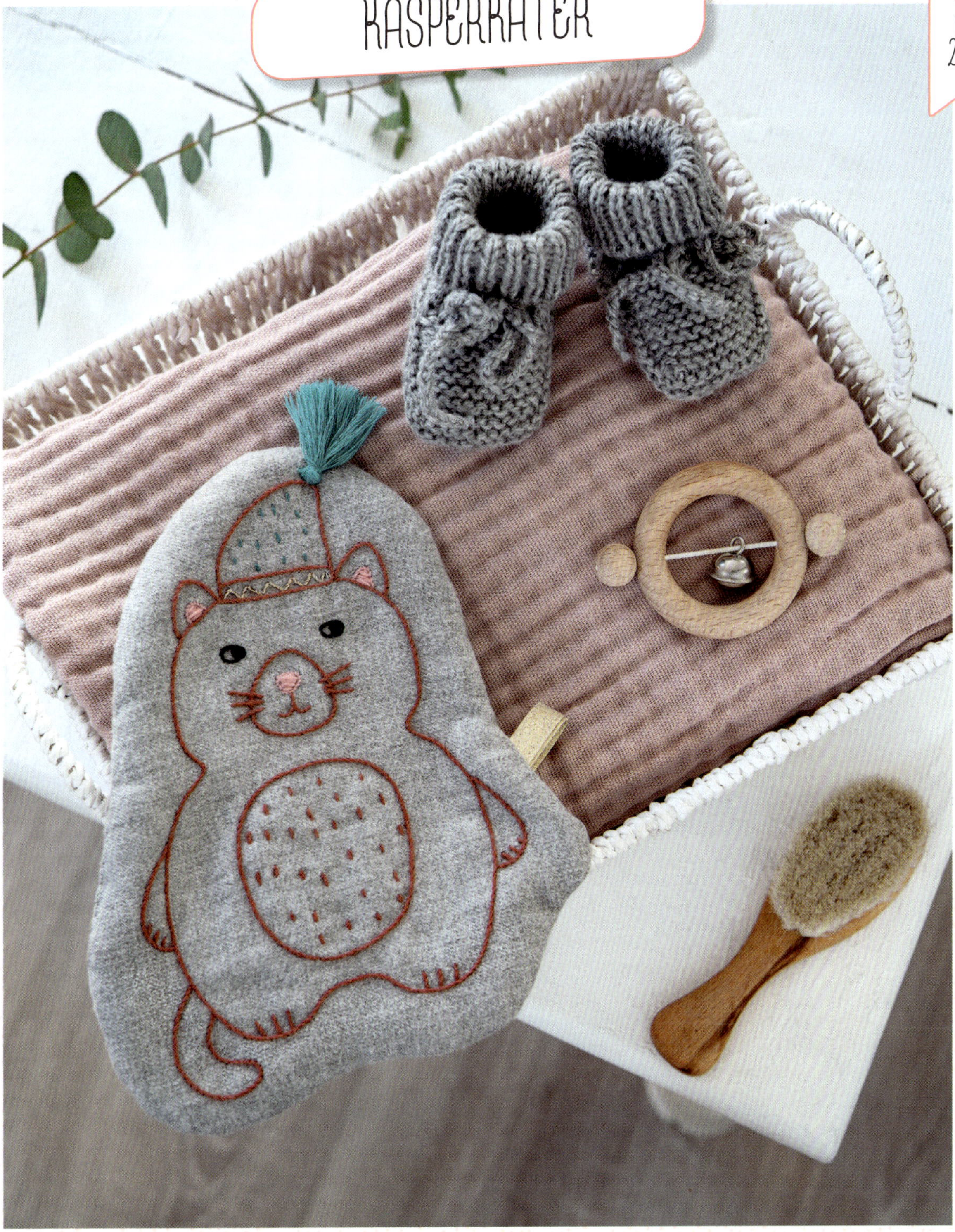

Verschlafenes Murmeltier

MATERIAL

25 x 150 cm Webpelz in Beige • Wollstickgarn in Anthrazit und Braun • Nähgarn in Beige und Karminrot • Strickwolle in Karminrot • 2 graue Pompons • 1 Paar Stricknadeln Nr. 4 • auswaschbarer Textilfilzstift

1 Übertragen

Die Vorlagen vergrößern, aus dem Papier ausschneiden und Pfoten, Schwanz und Ohren auf den Stoff stecken. Zuschneiden. Die Webpelzfasern im Bereich des Gesichts etwas kürzen, dann das Gesicht mit Filzstift übertragen.

2 Sticken

Den Stoff in einen Stickrahmen einspannen. Augen, Nase und Mund mit 3-fädigem Garn sticken. Für die Haare an Kopf und Bauch jeweils 4 Fäden von vorn nach hinten und wieder nach vorn durch den Stoff ziehen, gut verknoten und auf 1 cm kürzen. Den Stoff aus dem Stickrahmen nehmen. 2 Körper zuschneiden.

3 Ohren

Je 2 Ohrteile rechts auf rechts nur entlang der Rundung zusammennähen, dann auf rechts wenden.

4 Pfoten

Je 2 Pfotenteile rechts auf rechts nur entlang der Rundung zusammennähen, dann auf rechts wenden.

5 Schwanz

Die beiden Teile für den Schwanz rechts auf rechts nur entlang der Rundung zusammennähen, dann auf rechts wenden.

6 Zusammennähen

Ohren, Pfoten und Schwanz auf die rechte Stoffseite des bestickten Körpers stecken. Alle Teile zeigen zur Körpermitte. Beide Körperteile rechts auf rechts zusammenstecken und nähen. Eine Öffnung zum Ausstopfen lassen.

7 Ausstopfen

Das Murmeltier auf rechts wenden und ausstopfen. Die Öffnung mit der Hand zunähen.

8 Fertigstellung

Für die Krallen auf alle 4 Pfoten je 3 Spannstiche mit 4-fädigem Garn sticken.

9 Stricken

Einen Schal stricken: 7 Maschen breit und 52 cm lang (siehe Seite 11). An den Enden die Pompons festnähen.

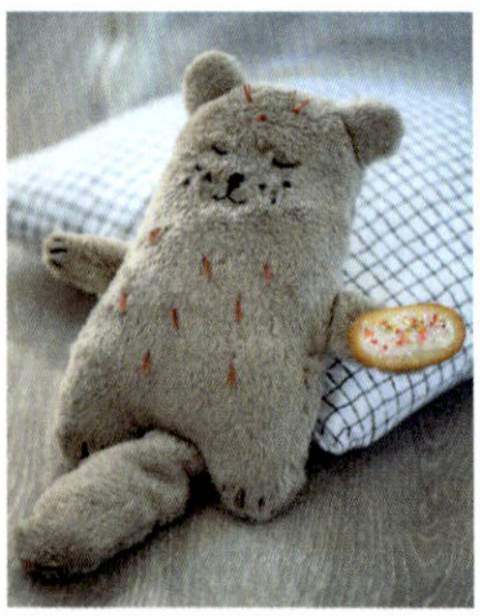

1

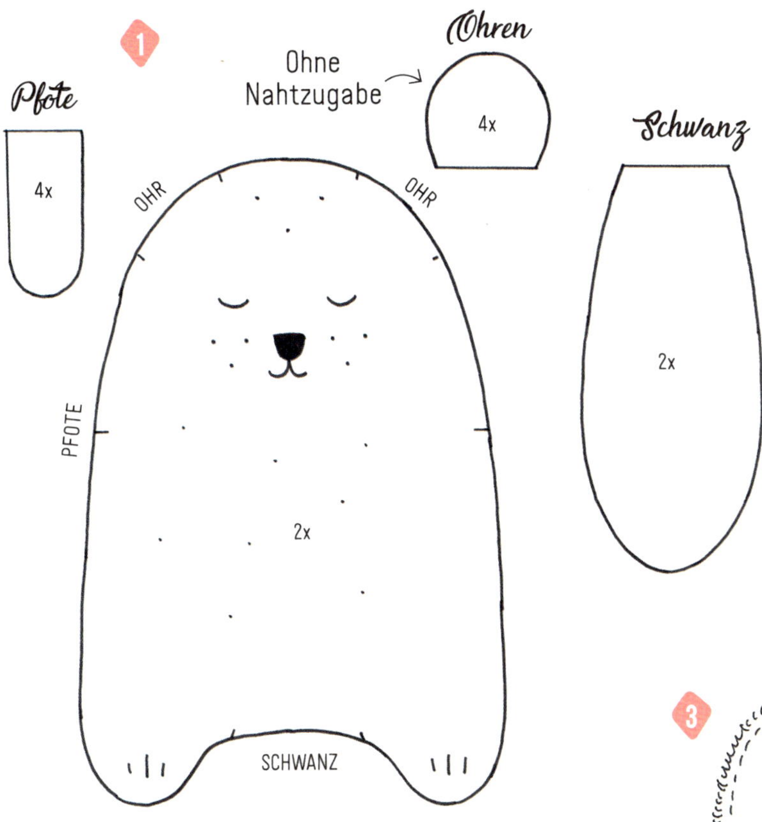

Körper, Pfote, Ohr und Schwanz auf **250 %** vergrößern.

2

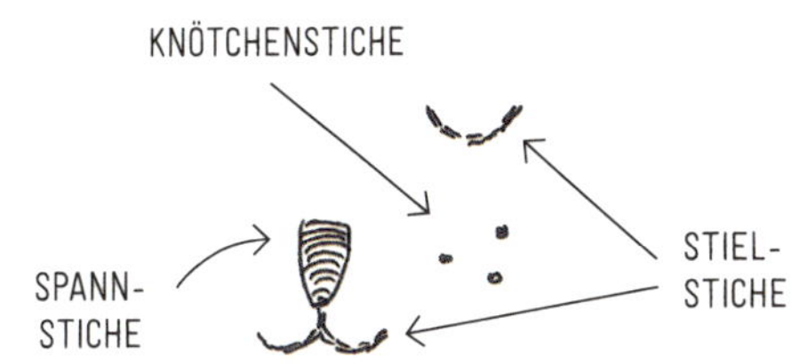

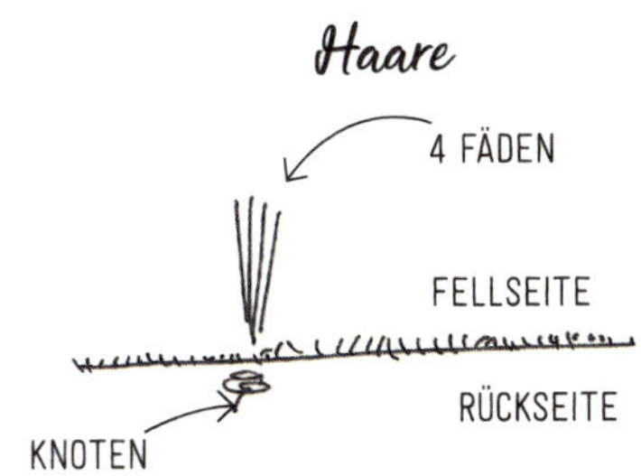

3

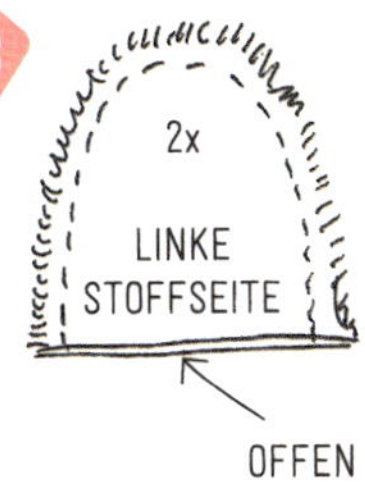

6

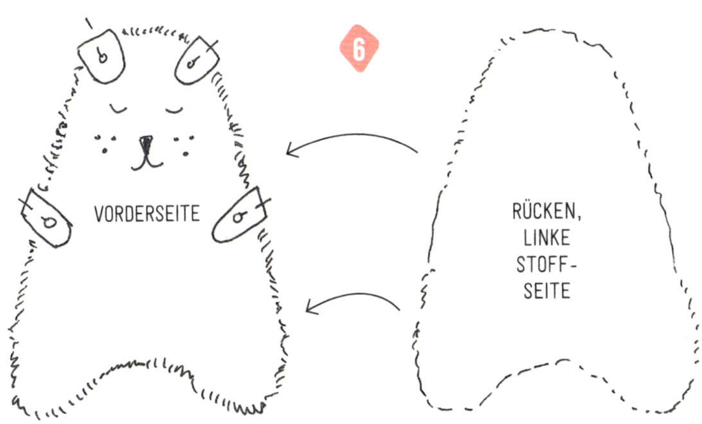

8

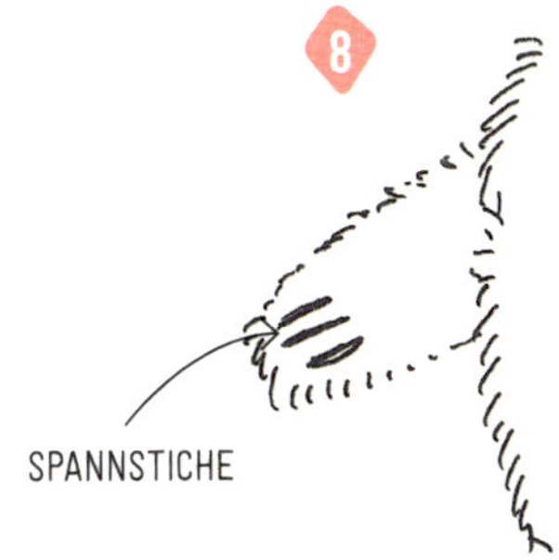

KASPERKATER

MATERIAL

30 x 145 cm Baumwollflanell • 25 cm dünnes Volumenvlies • 8 cm Schrägband in Gold • Wollstickgarn in Rosa, Braun und Türkis • Stickgarn in Gold • 1 Quaste in Türkis • Nähgarn in Hellgrau

1 STICKEN

Die Vorlage gemäß Angabe vergrößern und mit Durchschreibepapier auf den Stoff übertragen. In einen Stickrahmen einspannen. Mit braunem Garn die Umrisse von Körper, Mütze und Schnauzenumriss sticken. Für die Augen schwarzes Garn verwenden, für die Innenohren und die Nase rosa Garn und für das Muster der Mütze türkisfarbenes. Das Zickzackmuster in Gold sticken.

2 ZUSCHNEIDEN

Den Stoff mit 3 cm Abstand zur Stickerei großzügig zuschneiden. Ein zweites Stoffteil in derselben Form (spiegelverkehrt) für die Rückseite zuschneiden.

3 ZUSAMMENNÄHEN

Die offenen Kanten des Schrägbands zusammennähen, um ein Band zu erhalten. Zur Hälfte falten und an der Markierung an die Vorderseite stecken. Vorder- und Rückseite rechts auf rechts legen, auf das Volumenvlies legen, stecken und zusammennähen. Dabei eine Öffnung lassen.

4 FERTIGSTELLUNG

Das Volumenvlies 1 cm außerhalb der Naht abschneiden. Den Kater auf rechts wenden und die Öffnung mit der Hand zunähen. Die Quaste annähen.

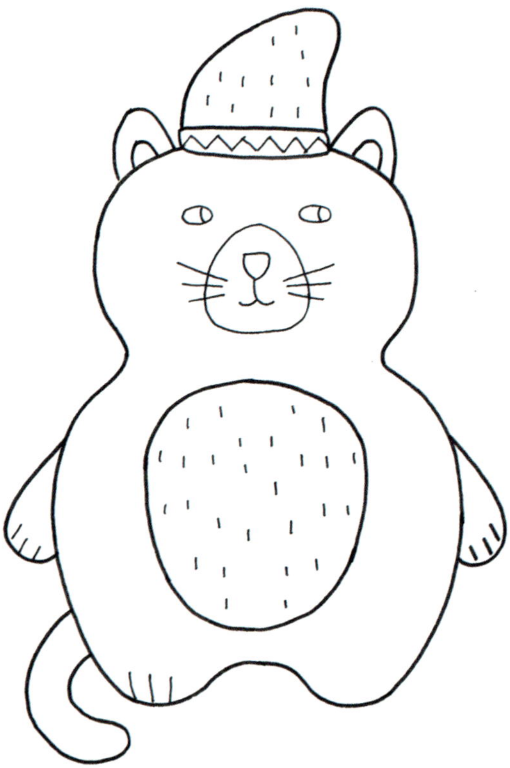

Auf **200 %** vergrößern.

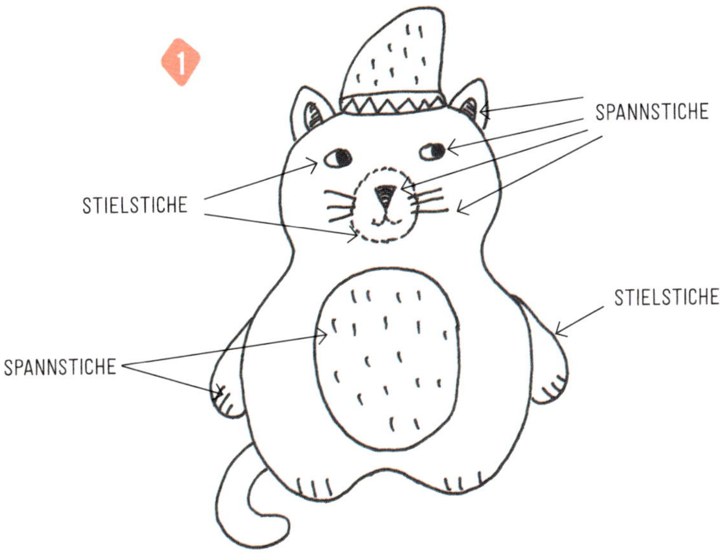
1
SPANNSTICHE
STIELSTICHE
STIELSTICHE
SPANNSTICHE

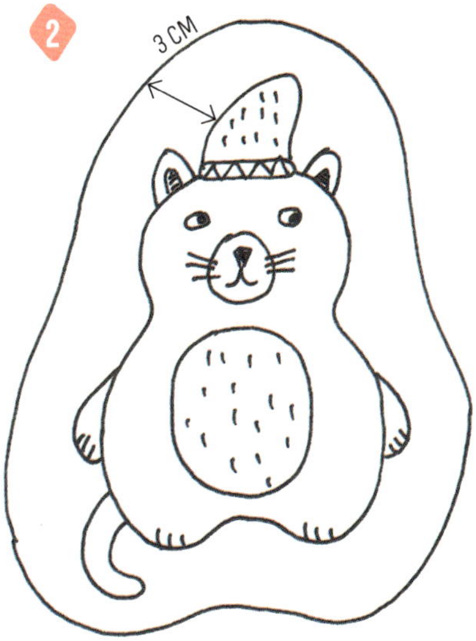
2
3 CM

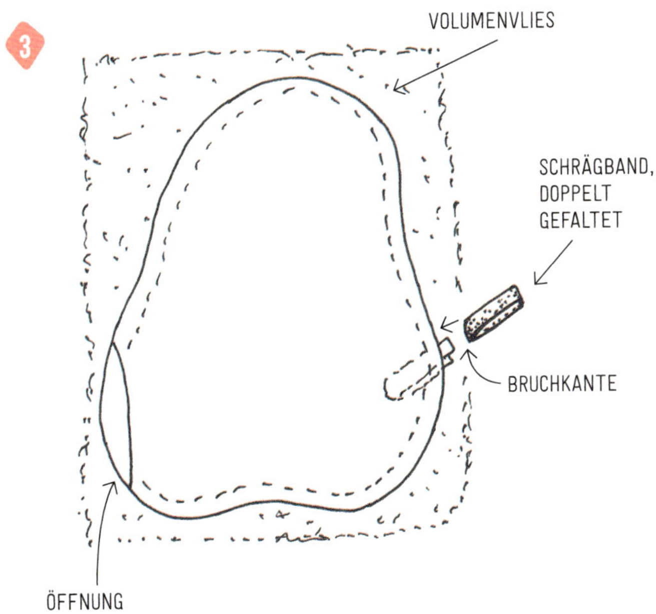
3
VOLUMENVLIES
SCHRÄGBAND, DOPPELT GEFALTET
BRUCHKANTE
ÖFFNUNG

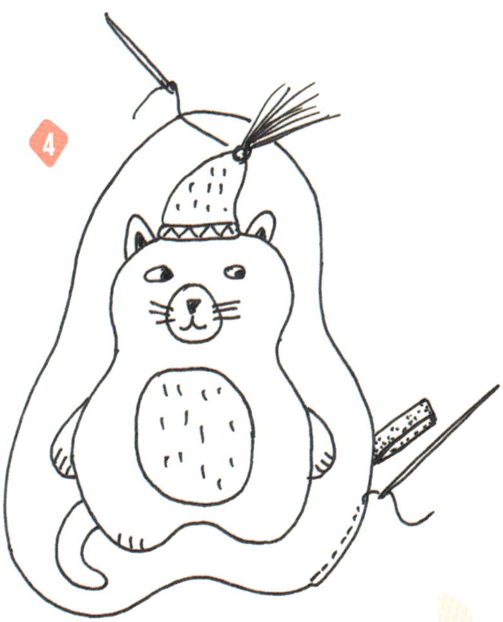
4

LEVEL

HÖHE
23 CM

TUPFENMONSTER

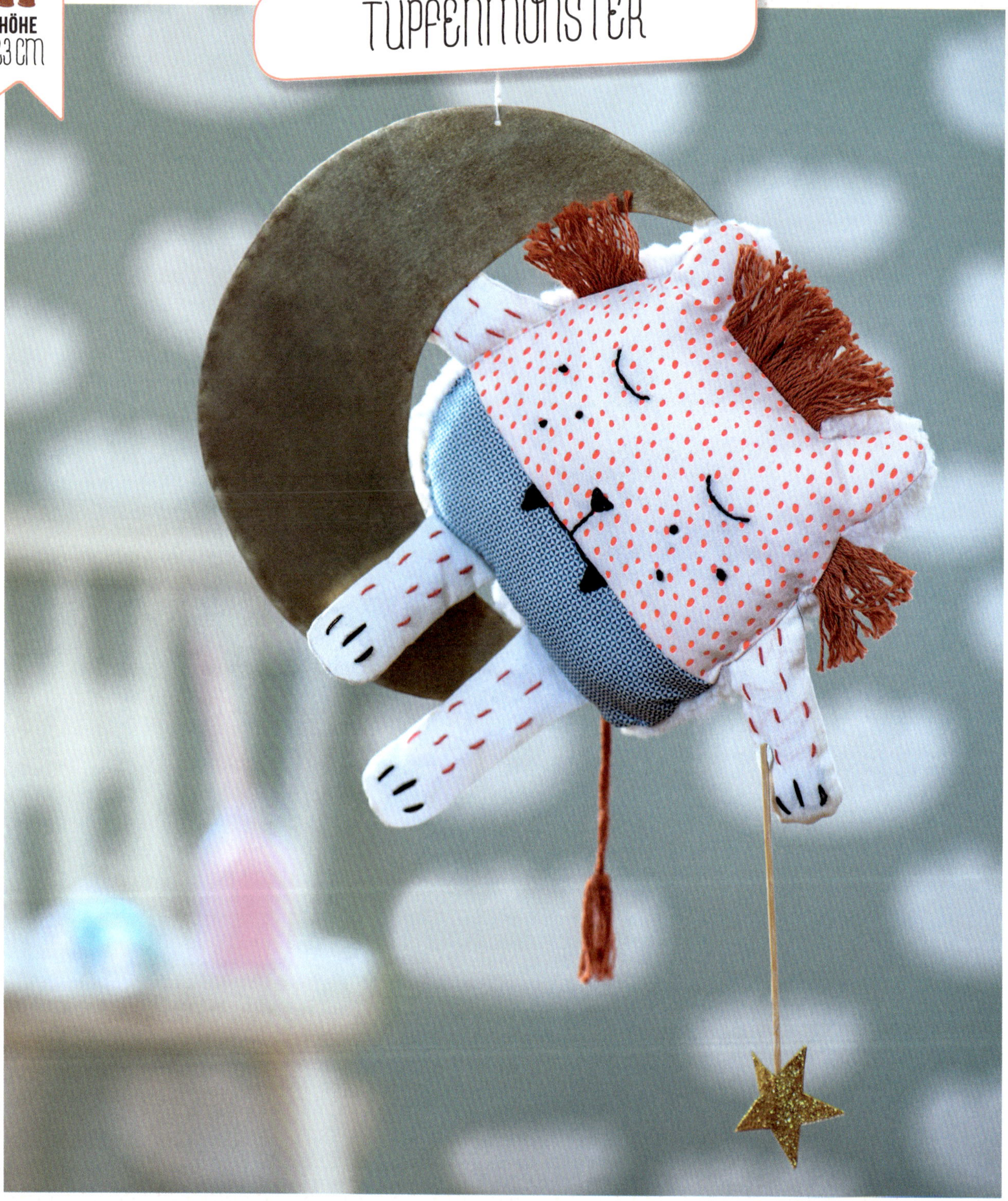

TUPFENMONSTER

MATERIAL

15 x 140 cm Baumwollstoff mit Punkten ·
Coupon oder Stoffrest petrol gemusterter Stoff · 20 x 145 cm Webpelz in Ecru ·
10 x 140 cm Baumwollstoff in Ecru ·
Wollstickgarn in Anthrazit und Fuchsia ·
rotbraunes Baumwollhäkelgarn · Nähgarn in Ecru · Textilkleber

1 ZUSAMMENNÄHEN

15 x 30 cm Punktestoff und 10 x 30 cm petrol gemusterten Stoff zuschneiden und an der langen Seite zusammennähen.

2 STICKEN

Das zusammengenähte Stück in einen Stickrahmen einspannen. Augen, Nase, Mund und Zähne sticken. Danach die Bartstoppeln sticken.

3 ZUSCHNEIDEN

Die Vorlagen (S. 29) vergrößern und mit Durchschreibepapier auf den Stoff übertragen. Den Körper des Monsters mit 1 cm Nahtzugabe zuschneiden. Aus dem Webpelz die Rückseite in einem Stück zuschneiden. Vorder- und Rückseiten der Pfoten mit 1 cm Nahtzugabe zuschneiden.

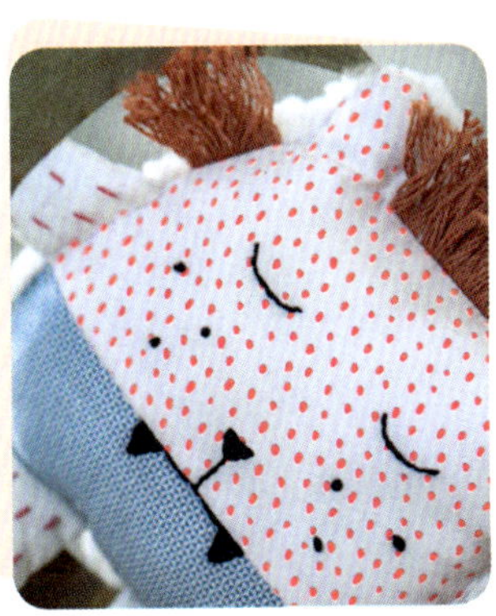

1

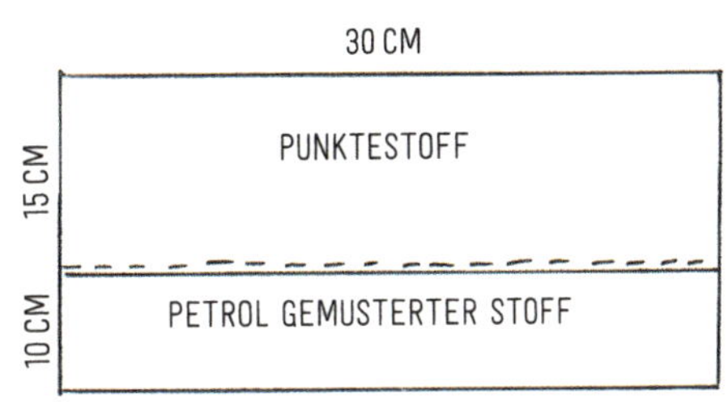

2

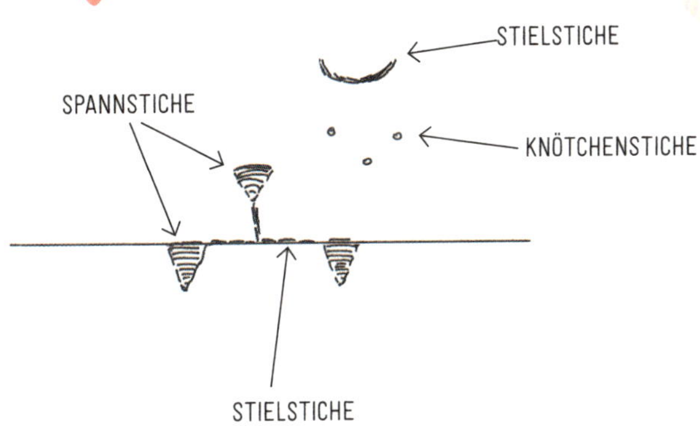

4 PFOTEN

Auf 4 Pfoten je 3 Krallen im Spannstich sticken. Die Stoppeln in Rosa sticken. Je ein besticktes und ein unbesticktes Pfotenteil rechts auf rechts zusammennähen, dabei die gerade Kante offen lassen. Auf rechts wenden und lose ausstopfen.

5 MÄHNE

Aus Baumwollhäkelgarn 23 Fäden à 5cm zuschneiden. 11 Fäden mit sehr wenig Textilkleber zwischen den Ohren an den Kopfrand kleben, je 6 seitlich unterhalb der Ohren. Der Kleber muss sie nur bis zum Zusammennähen an Ort und Stelle halten. Trocknen lassen.

6 ZUSAMMENNÄHEN

Die 4 Pfoten auf die rechte Stoffseite des bestickten Körperteils stecken. Vorder- und Rückseite des Monsters rechts auf rechts zusammennähen, dabei eine Öffnung lassen.

7 AUSSTOPFEN

Den Körper durch die Öffnung auf rechts wenden und ausstopfen. Die Öffnung mit der Hand zunähen.

8 SCHWANZ

Vom Baumwollhäkelgarn einen 18cm langen Faden abschneiden. In 5cm Abstand zu einem Ende einen Knoten binden. Hinter dem Knoten das Garn ausfransen, die Fransen gerade schneiden. Das andere Ende auf 10cm kürzen. Den Schwanz an den Rücken des Monsters nähen.

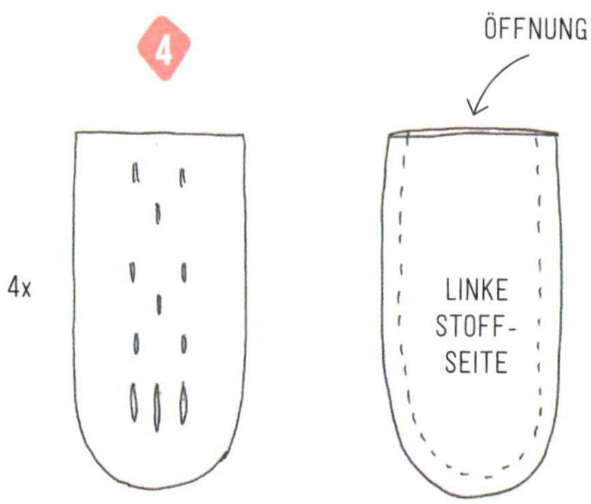

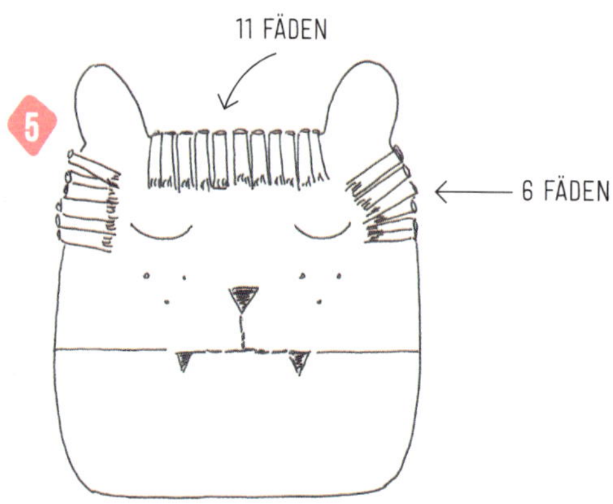

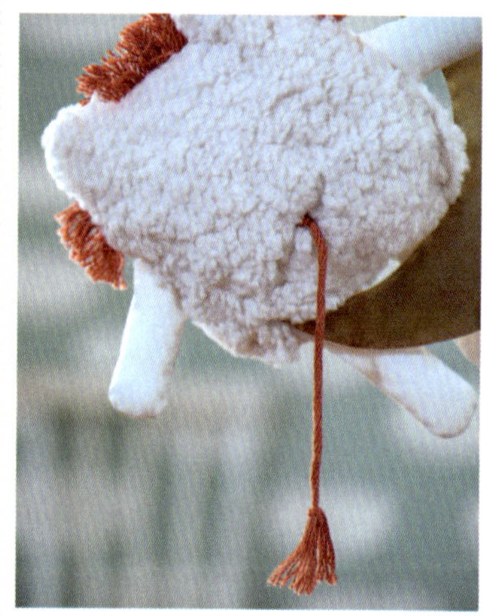

Schwanz

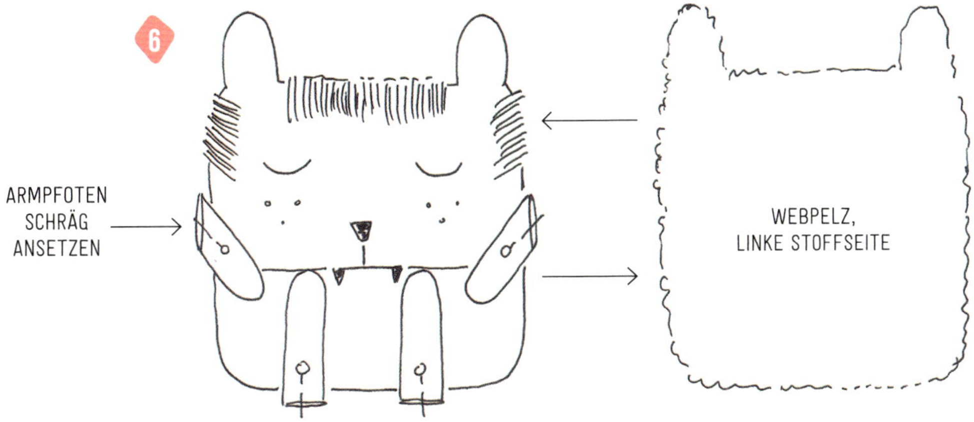

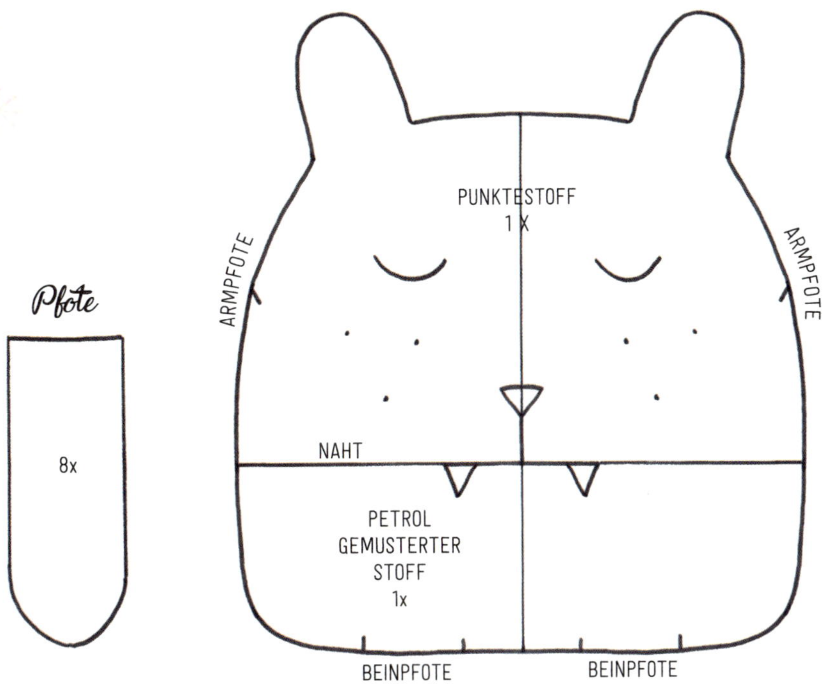

1 cm Nahtzugabe an der Quernaht und an der ganzen Außenkontur vorsehen.

Das Monster auf **180 %** vergrößern.

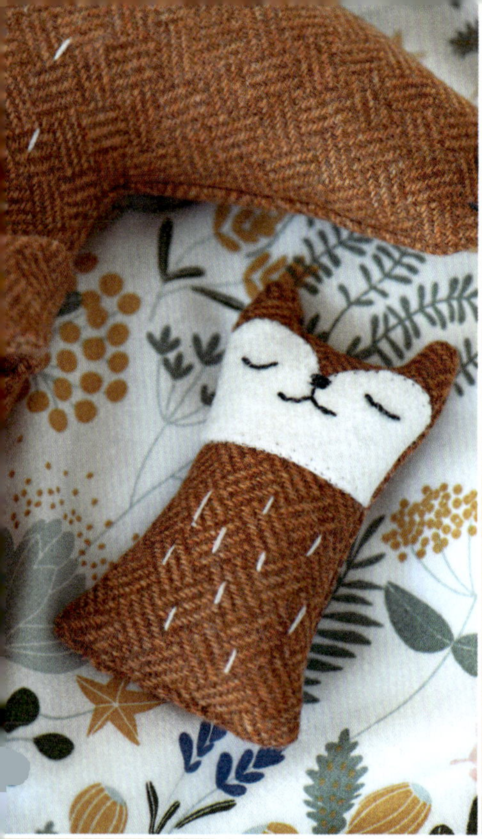
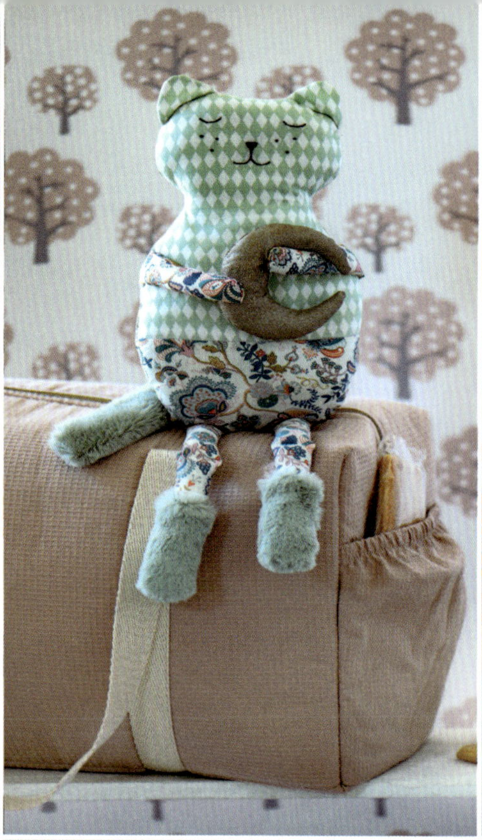
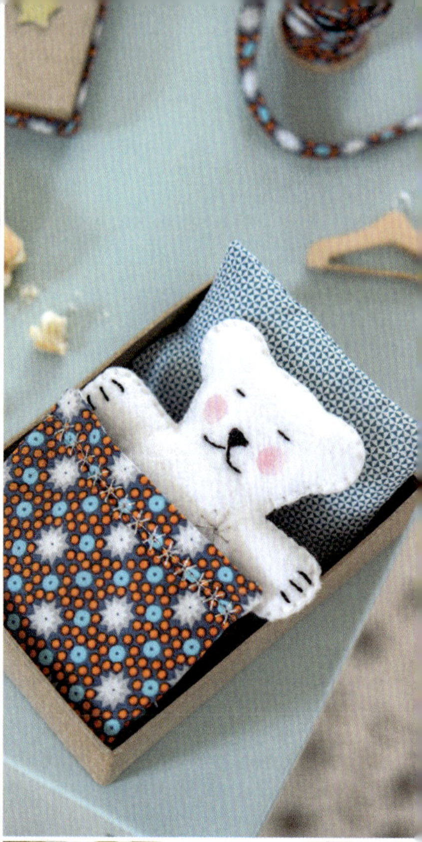
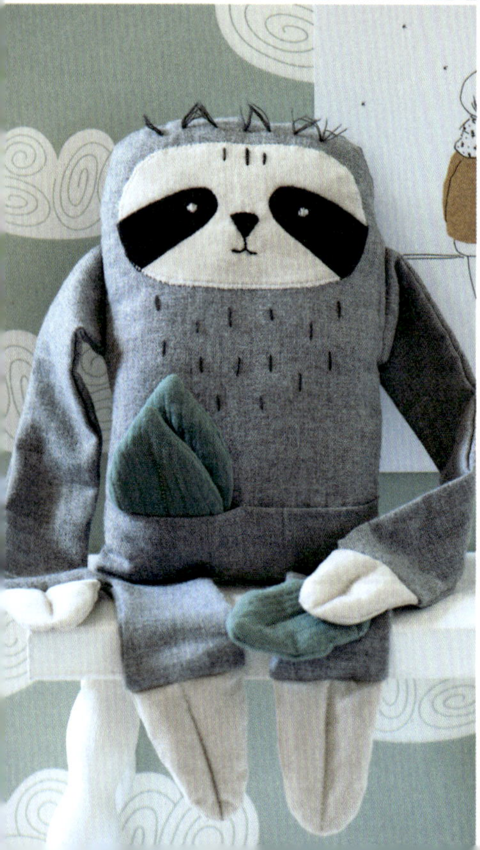
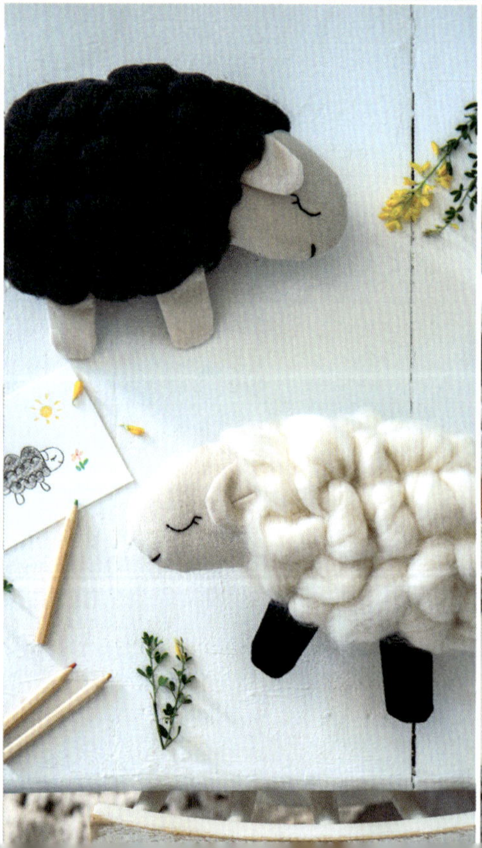
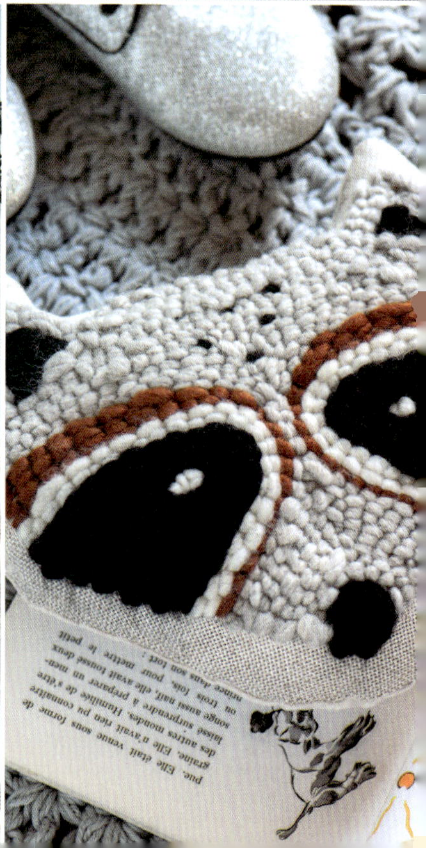

FÜR DIE GRÖSSEREN

LEVEL

HÖHE
10,5 cm

BABYBÄR

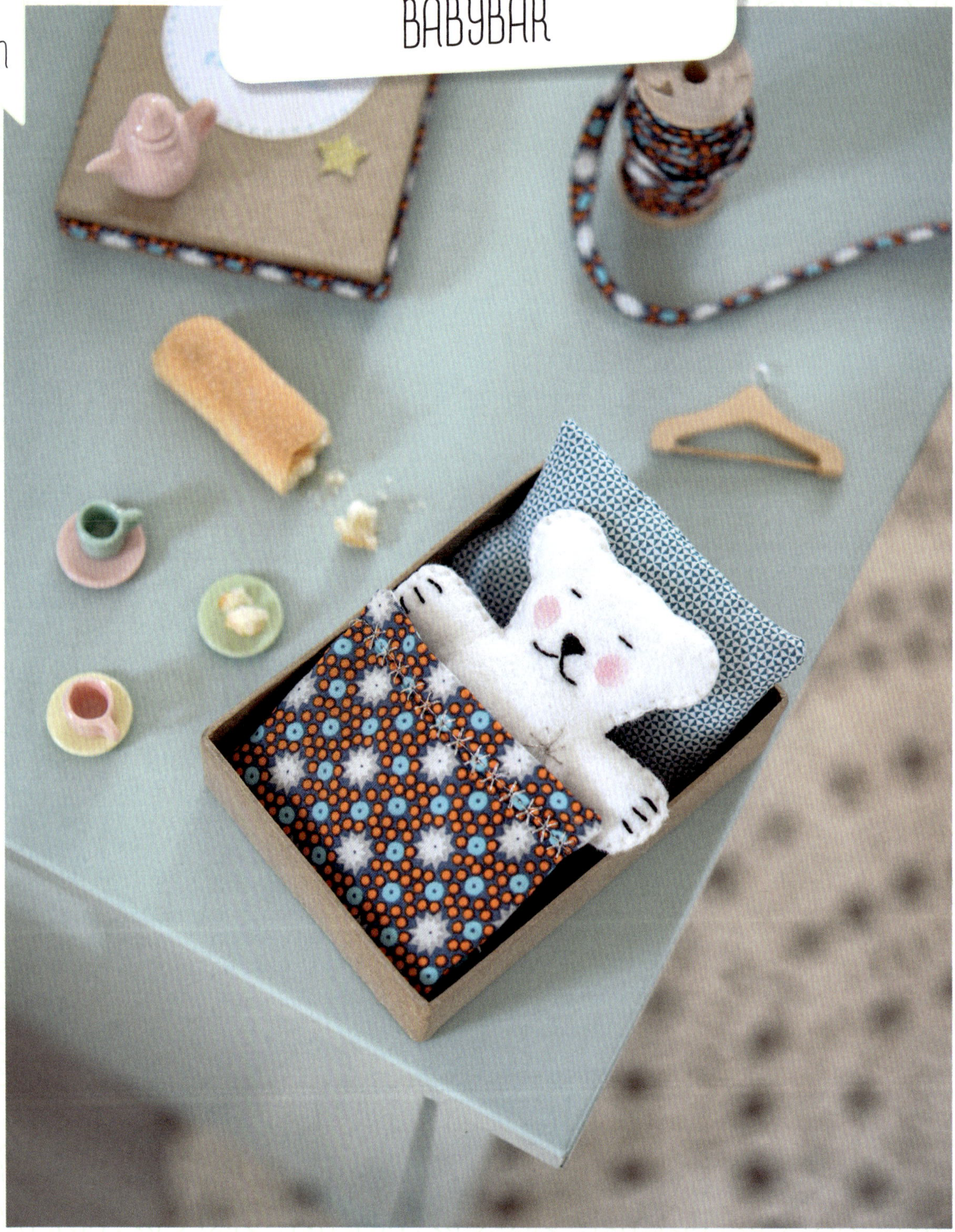

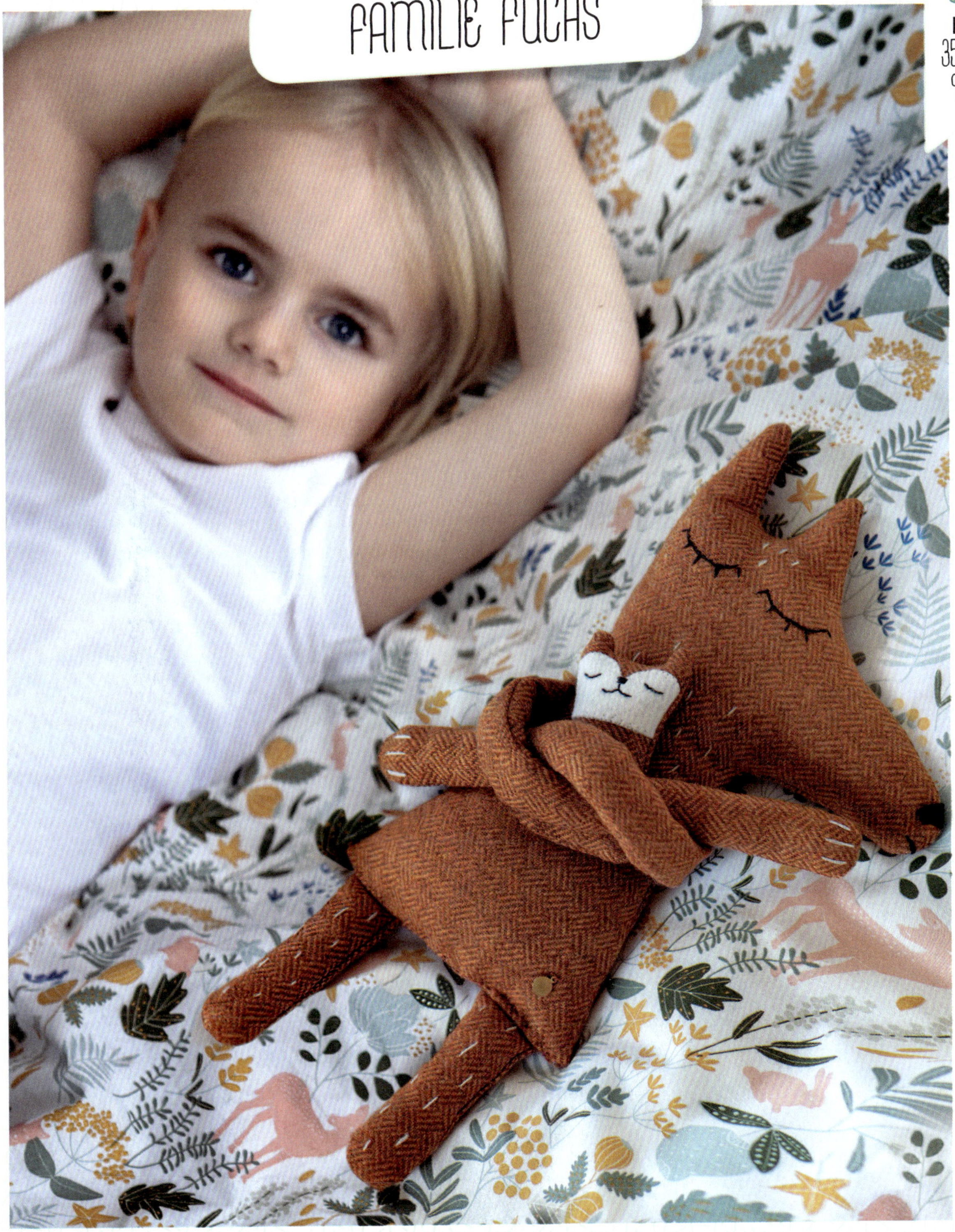

FAMILIE FUCHS

LEVEL

HÖHE 35 cm/ 9 cm

BABYBÄR

MATERIAL

20 x 30 cm Wollfilz in Weiß · Coupon oder Stoffrest grün gemusterter Baumwollstoff · Coupon oder Stoffrest Baumwollstoff mit Sternen · Wollstickgarn in Schwarz · Nähgarn in Weiß und Silber · Stoffmalfarbe in Rosa · Pappschachtel 8,5 B x 11,5 L x 3,5 cm H · Sternaufkleber · Stoffmalstift · weißes Papier · Papierkleber · Textilkleber · Wattestäbchen

1 ÜBERTRAGEN

Die Vorlage für den Bären auf Karopapier durchpausen, dann mit Durchschreibepapier auf den Filz übertragen. Das Gesicht mit auswaschbarem Stoffstift übertragen.

2 STICKEN

Den Filz in einen Stickrahmen einspannen und das Gesicht sticken (2-fädig). Auf der Vorderseite jede Pfote mit 3 Krallen besticken. Auf Herzhöhe einen silbernen Stern sticken.

3 ZUSCHNEIDEN

Vorder- und Rückseite des Bären zuschneiden.

4 ZUSAMMENNÄHEN

Vorder- und Rückseite links auf links mit Knopflochstich zusammennähen. Eine Öffnung zum Ausstopfen lassen.

5 AUSSTOPFEN

Den Bären lose ausstopfen, dann die Öffnung ebenfalls mit Knopflochstich zunähen.

6 FERTIGSTELLUNG

Mit dem Wattestäbchen etwas rosa Textilfarbe aufnehmen und Wangenrouge auftupfen. Trocknen lassen, dann bügeln, um die Farbe zu fixieren.

7 BETT

Für das Kopfkissen ein Stück Stoff von 10 x 13 cm zuschneiden, für die Matratze ein Stück von 10 x 18 cm und für die Decke eins von 9 x 14 cm. Das Kopfkissen rechts auf rechts zur Hälfte falten und zusammennähen, dabei eine Öffnung lassen. Ausstopfen und die Öffnung zunähen. Ebenso mit der Matratze verfahren. Die Decke nur doppelt legen und nähen, nicht ausstopfen. Die Decke nach Belieben mit silbernem Garn besticken.

8 SCHACHTEL

Eine Borte um den Rand des Deckels kleben, dann den Deckel mit Sternen und einem Schildchen verzieren.

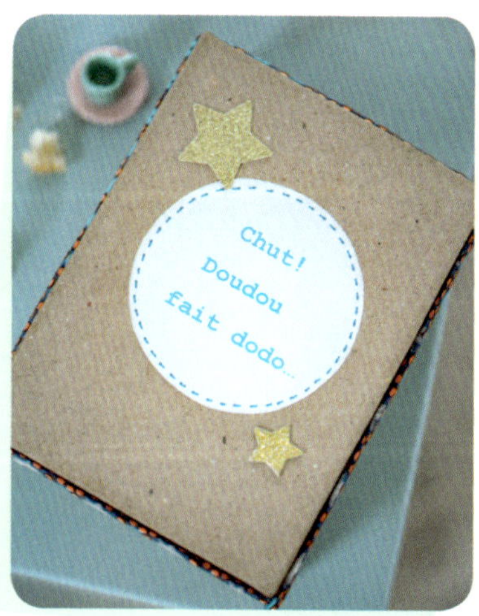

Keine Nahtzugabe

1

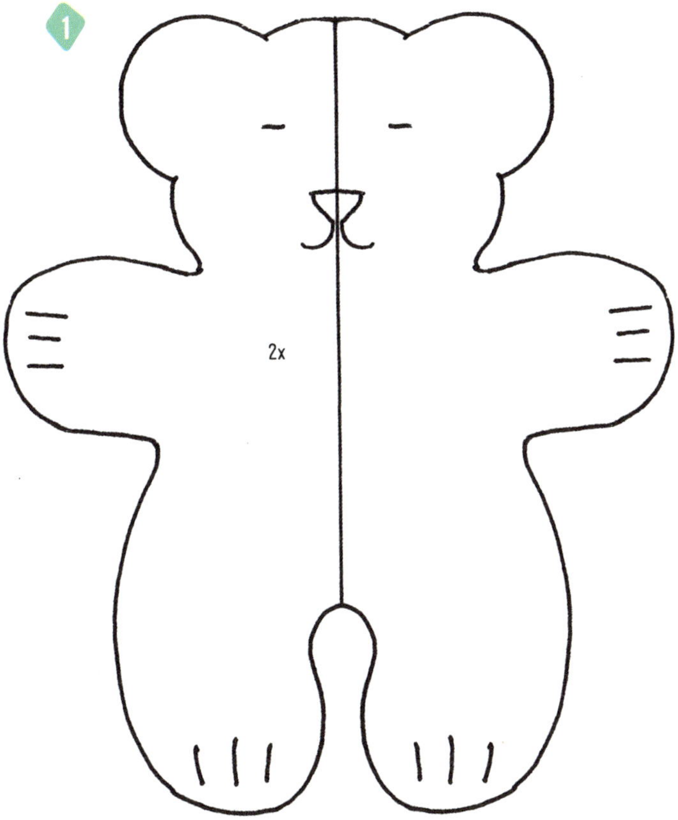

Vorlage in Originalgröße (nicht vergrößern)

2

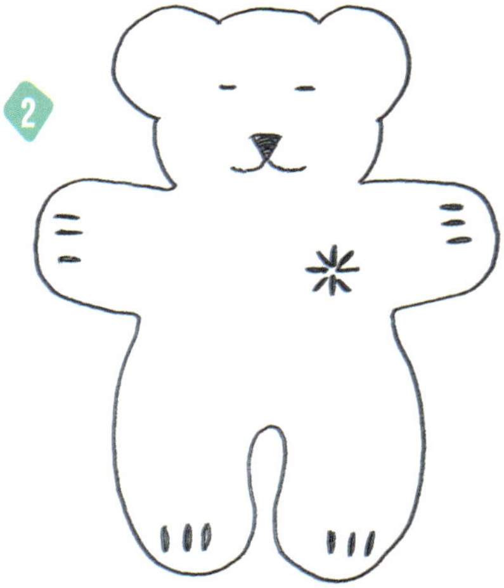

4

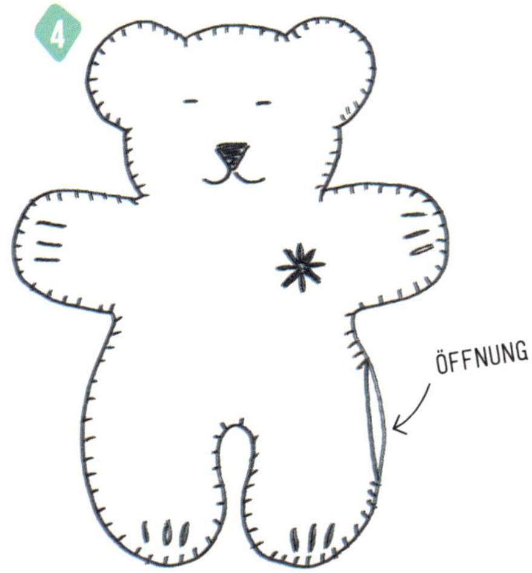

7

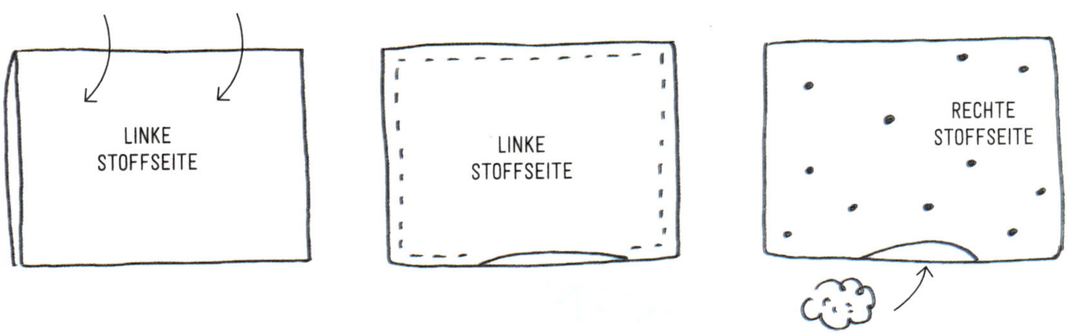

Familie Fuchs

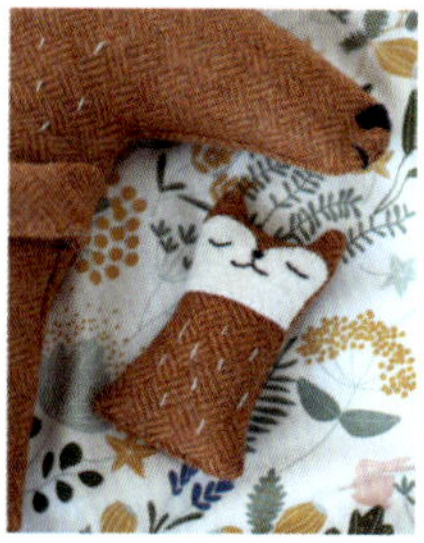

Material

40 cm Wollstoff in Orange oder Rostbraun •
5 x 6 cm Filz in Ecru • Wollstickgarn in Anthrazit und Ecru •
Nähgarn in Ecru und Rostbraun • kleiner, runder Anhänger

1 Übertragen

Alle Vorlagen vergrößern und mit Durchschreibepapier auf Wollstoff und Filz übertragen.

2 Sticken

Den Wollstoff in einen Stickrahmen spannen. Mit 3-fädigem Garn die Augen (anthrazit) und die Haare (écru) sticken. Den Schwanz auf das Rückenteil sticken.

3 Zuschneiden

Vorder- und Rückseite (spiegelverkehrt) mit 1 cm Nahtzugabe zuschneiden.

4 Arme und Beine

Beine und Arme zuschneiden und rechts auf rechts zusammennähen, die gerade Schmalseite offen lassen. Auf rechts wenden, locker ausstopfen. Auf die Enden der Arme je 3 Krallen sticken, auf die Beine Haare sticken.

5 Zusammennähen

Arme und Beine auf die Vorderseite stecken, sie liegen auf der Front. Vorder- und Rückseite des Körpers rechts auf rechts zusammennähen, dabei eine Öffnung lassen.

6 Ausstopfen

Den Fuchs auf rechts wenden und ausstopfen. Die Öffnung mit der Hand zunähen.

7 Fertigstellung

Die Nase (3-fädig) im Spannstich und den Mund im Stielstich aufsticken. Den Anhänger festnähen.

8 Fuchsbaby

Das Gesicht aus Filz zuschneiden, dabei nur an den Seiten 1 cm Nahtzugabe vorsehen. Auf den Wollstoff nähen. Das Gesicht auf den Filz übertragen. Den Stoff im Stickrahmen besticken. 2 Körper mit Nahtzugabe rundum zuschneiden. Die Teile rechts auf rechts zusammennähen, dabei eine Öffnung lassen. Auf rechts wenden, ausstopfen und die Öffnung mit der Hand zunähen.

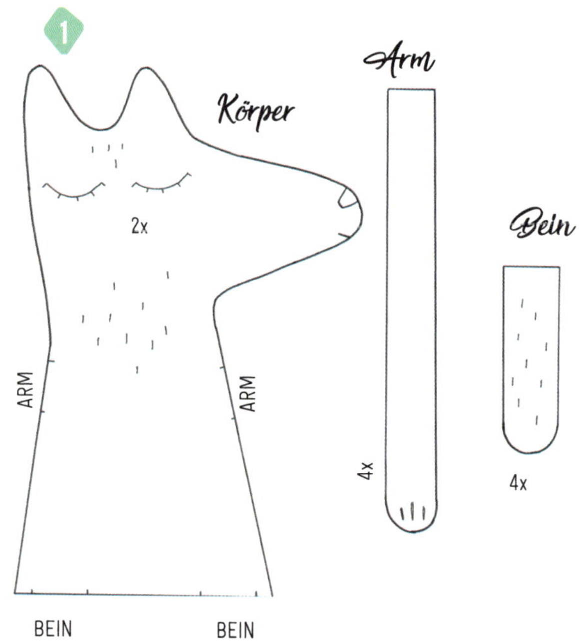

Körper, Arm und Bein auf **400 %** vergrößern.

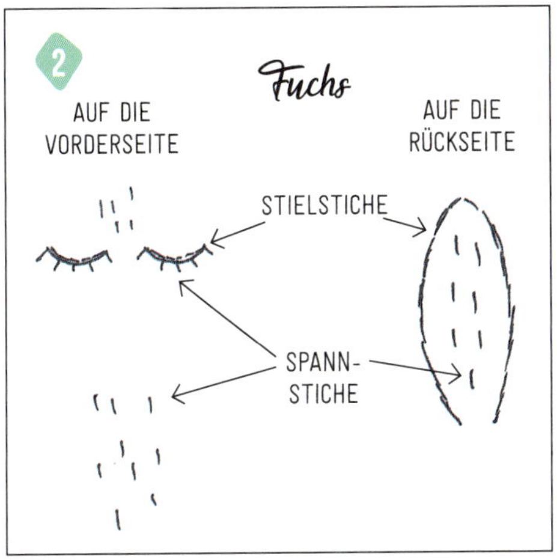

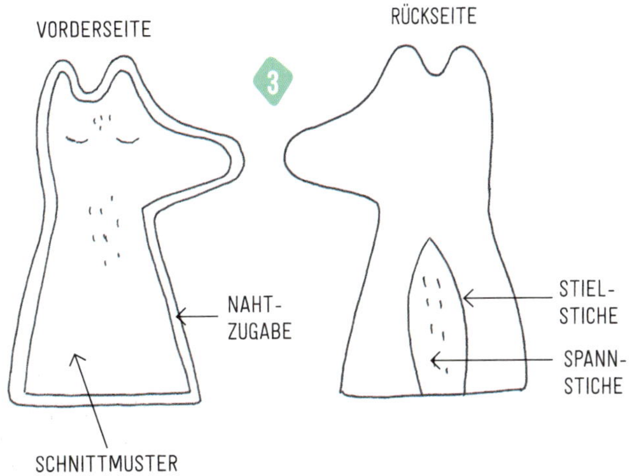

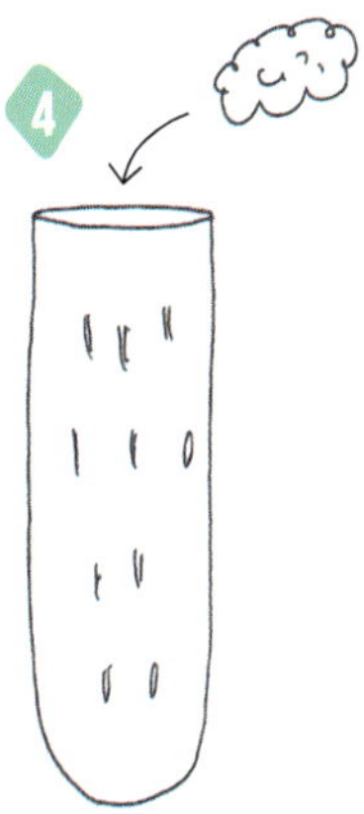

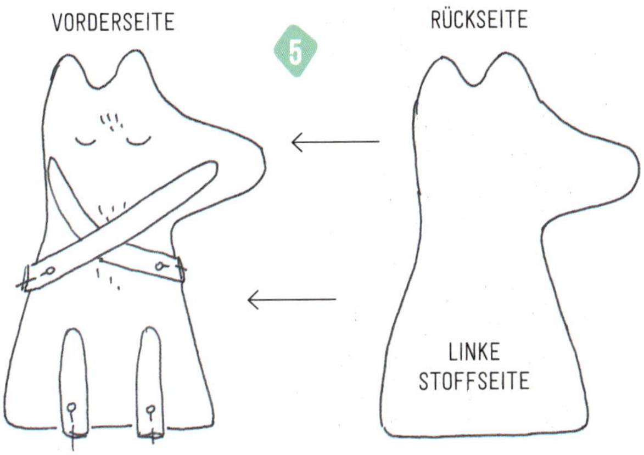

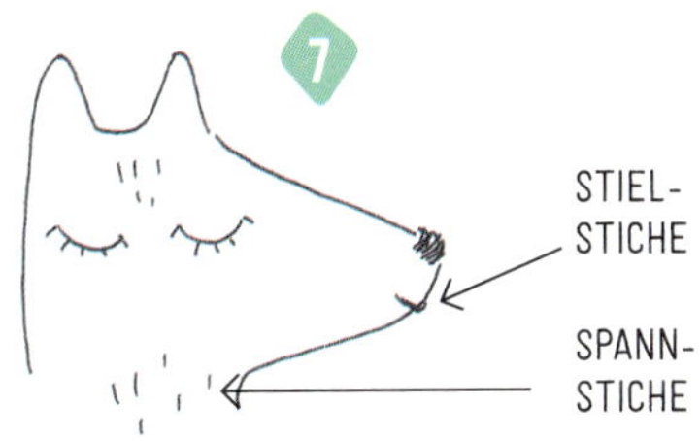

Fuchsbaby

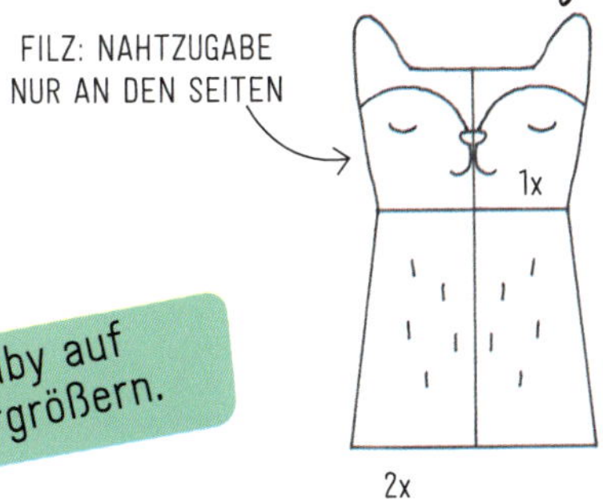

Fuchsbaby auf **250 %** vergrößern.

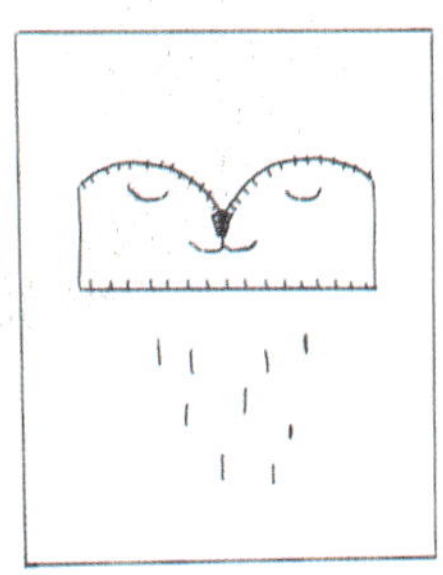

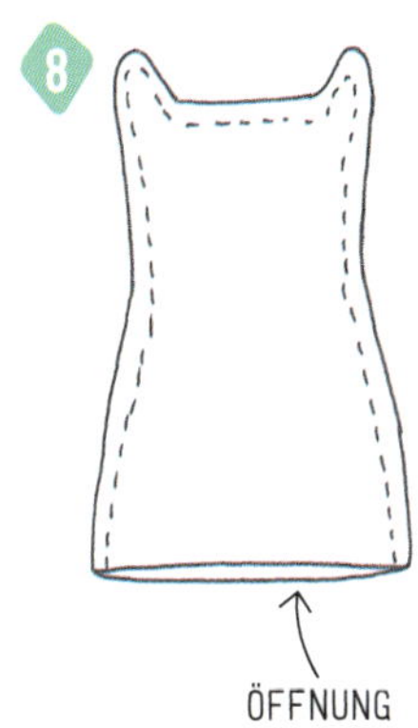

LEVEL

HÖHE
50 CM

MONDSCHEINKATZE

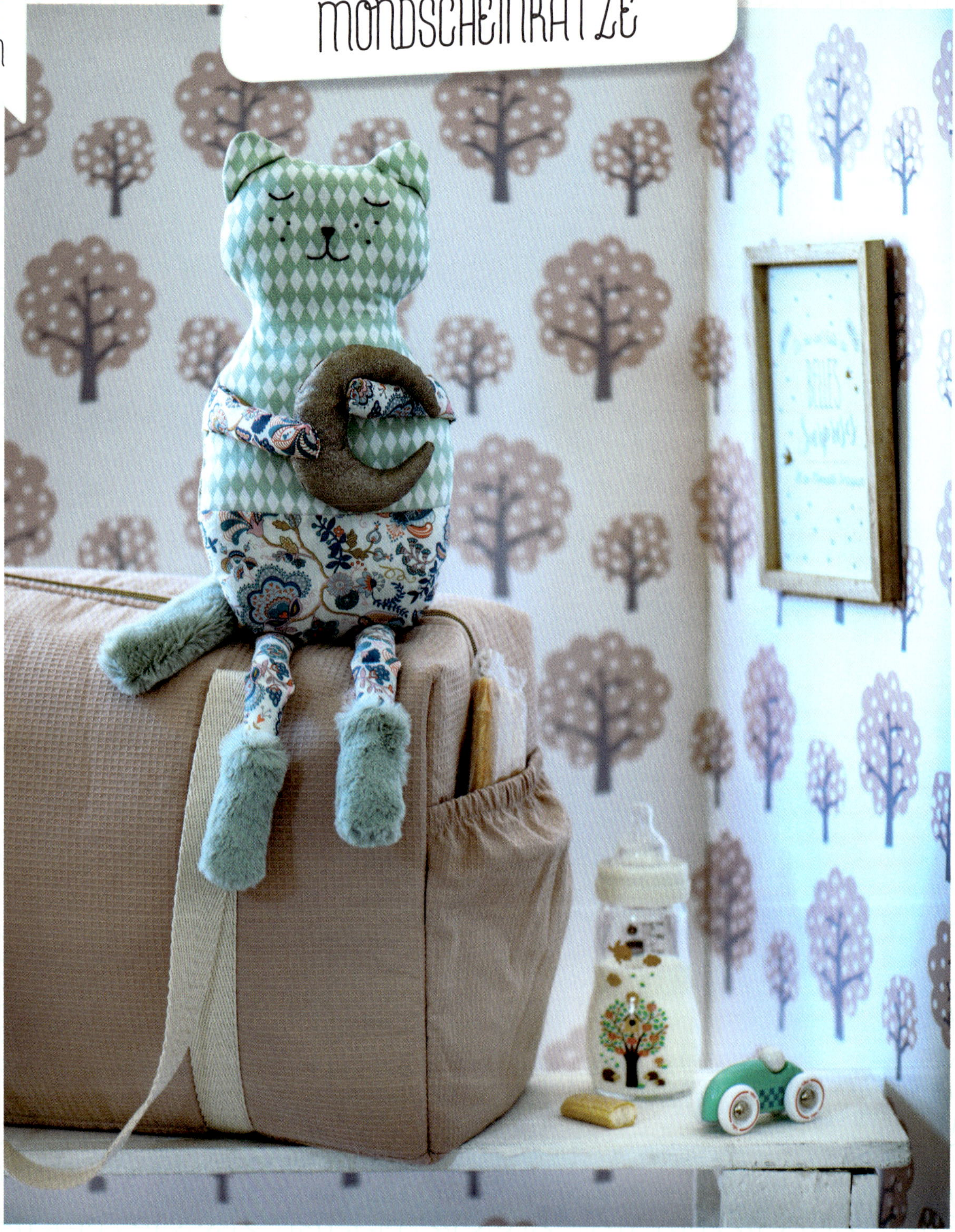

HUNGRIGES FAULTIER

LEVEL

HÖHE
45 CM

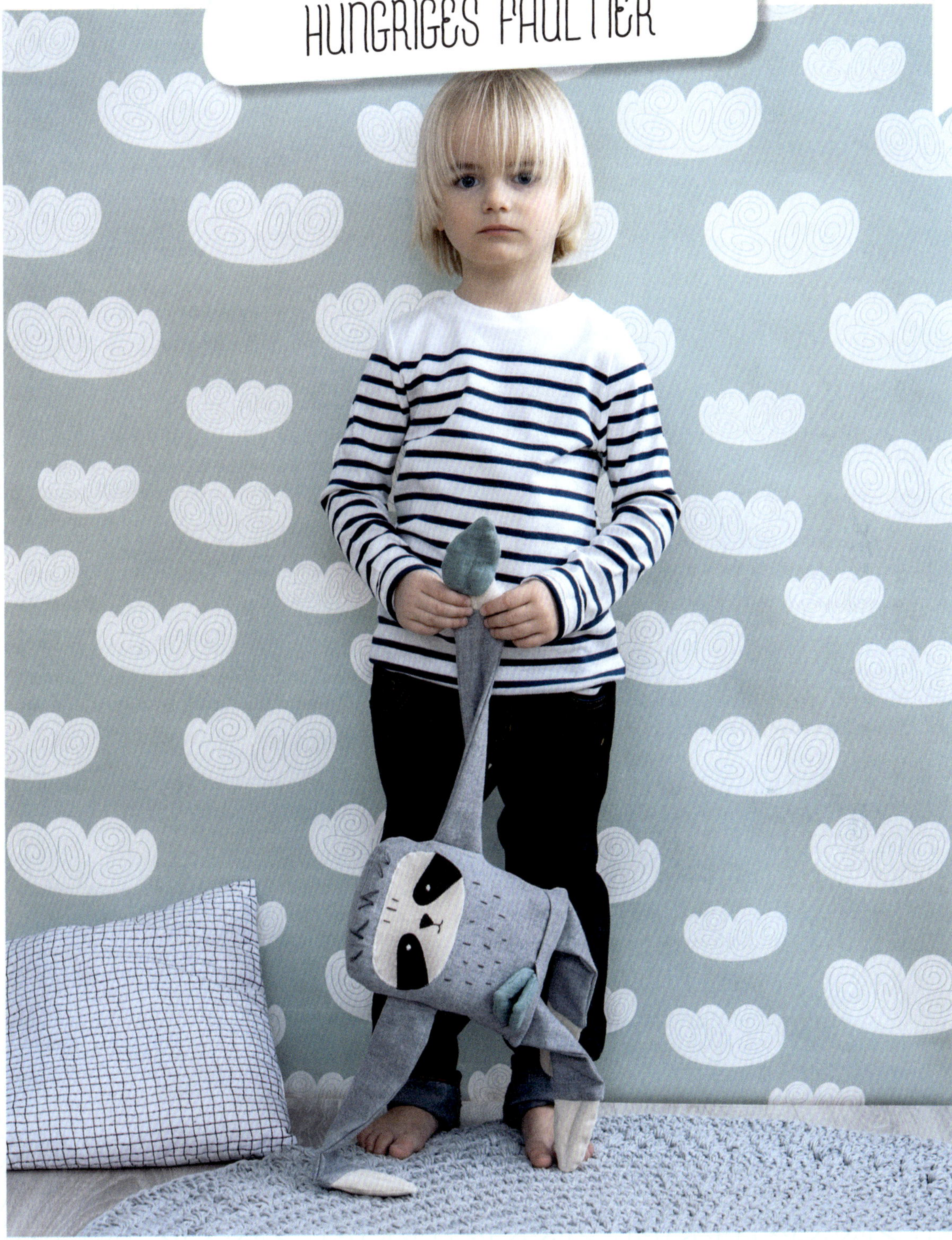

Mondscheinkatze

Material

25 x 160 cm Stoff mit grünem Rautenmuster · 15 x 137 cm Blümchenstoff in Rosa · 10 x 150 cm Webpelz in Mattgrün · Coupon oder Stoffrest in Goldmetallic · Wollstickgarn in Anthrazit · Nähgarn in Ecru und Beige

1 Übertragen

Die Vorlage vergrößern und mit Durchschreibepapier auf den Rautenstoff übertragen.

2 Sticken

Ein Körperstoffteil in einen Stickrahmen einspannen. Augen, Nase, Mund und Barthaare aufsticken (3-fädig).

3 Zuschneiden

Beide Teile des Körpers und die Ohren aus Rautenstoff zuschneiden. Hose, Arme und Beine aus Blümchenstoff zuschneiden. Den Mond aus Goldstoff zuschneiden. Schwanz und Schuhe aus Webpelz zuschneiden.

4 Schwanz

Den Schwanz rechts auf rechts zusammennähen, das gerade Ende bleibt offen. Auf rechts wenden.

5 Körper zusammensetzen

Rauten- und Blumenstoff rechts auf rechts zusammennähen. In der Rückennaht den Schwanz mitfassen.

6 Arme, Beine und Ohren

Arme und Beine jeweils rechts auf rechts zusammennähen, kurze gerade Enden offen lassen. Auf rechts wenden und ausstopfen. Die Ohrenschnittteile ebenfalls zusammennähen, aber nicht ausstopfen.

7 Zusammennähen

Arme, Beine und Ohren auf die rechte Stoffseite des Vorderteils stecken. Vorder- und Rückseite rechts auf rechts zusammennähen, dabei eine Öffnung zum Füllen lassen.

8 Ausstopfen

Die Katze auf rechts wenden und ausstopfen. Die Öffnung mit der Hand zunähen.

9 Schuhe

Die Teile rechts auf rechts zusammennähen, oben offen lassen. Auf rechts wenden und über die Beine ziehen.

10 Fertigstellung

Für die »Kniegelenke« die Beine in 9 cm Abstand zum Körper quer absteppen.

11 Mond

Die beiden Teile rechts auf rechts zusammennähen, dabei eine Öffnung zum Füllen lassen. Auf rechts wenden, ausstopfen und die Öffnung schließen.

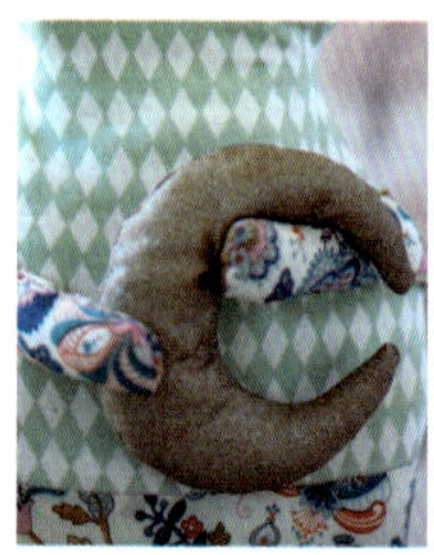

Den Mond an den Enden der Arme festnähen.

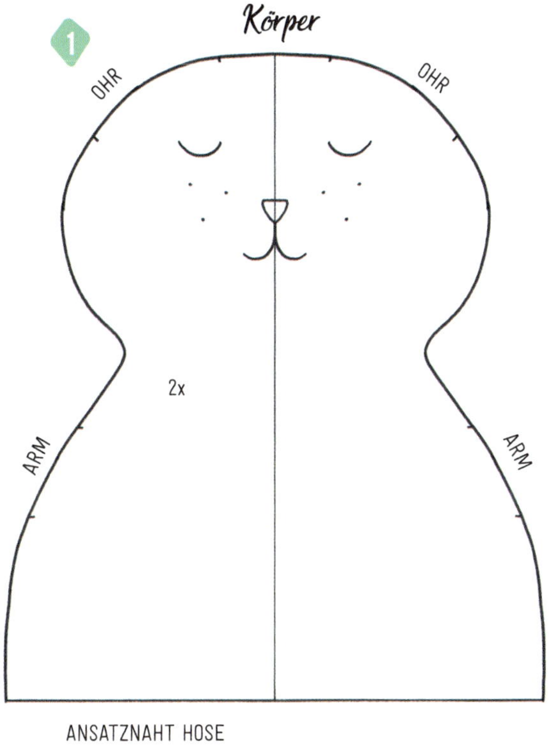

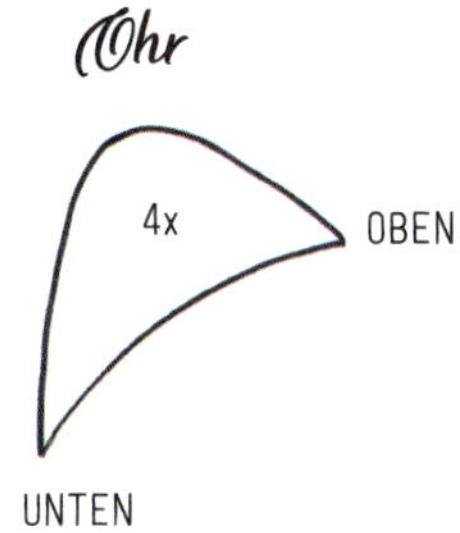

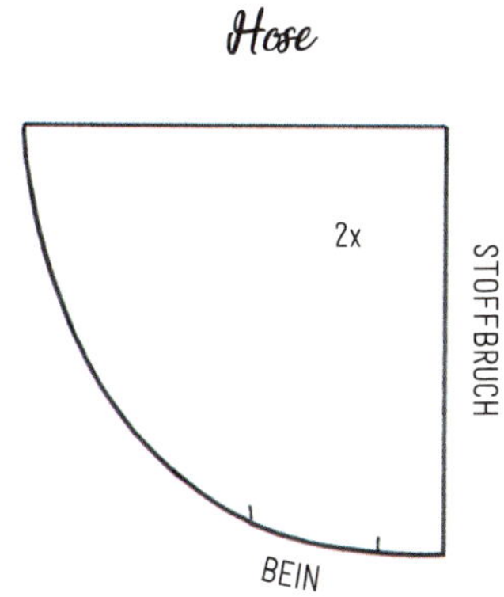

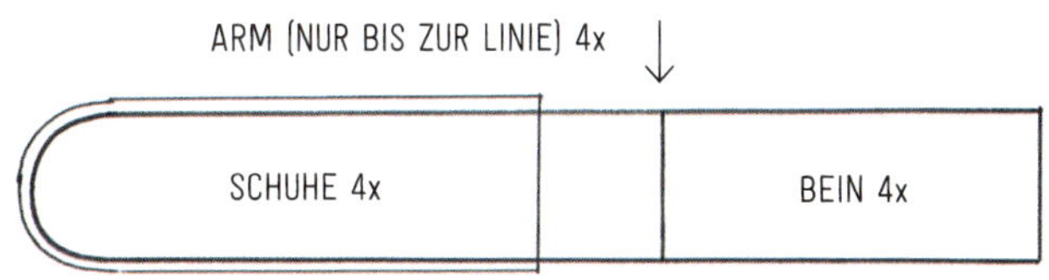

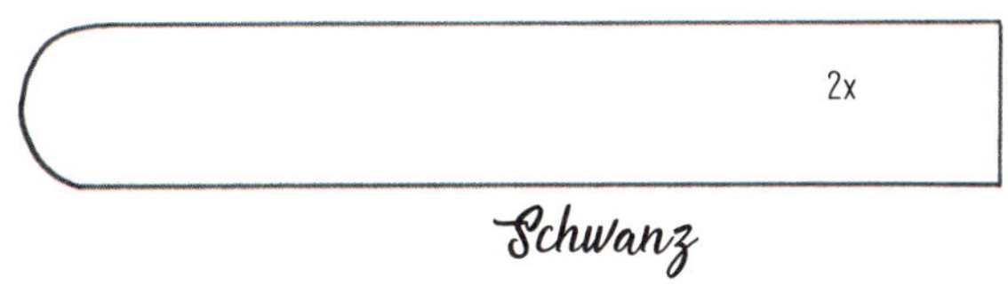

Körper, Hose, Ohr, Bein/Arm, Schwanz und Mond auf **300 %** vergrößern.

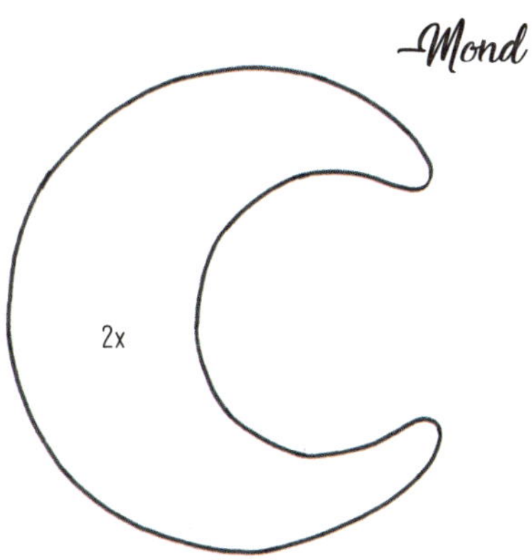

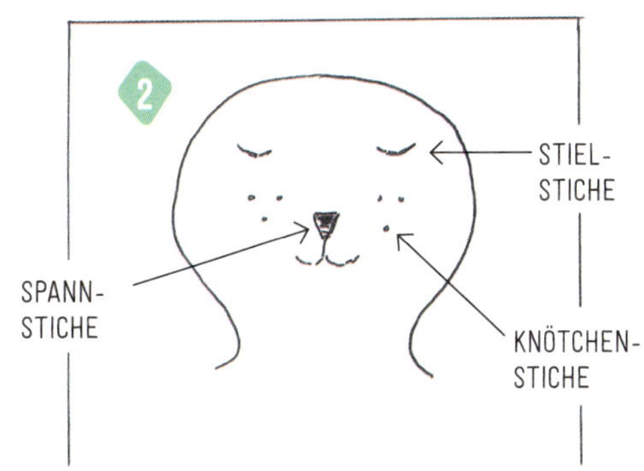

5

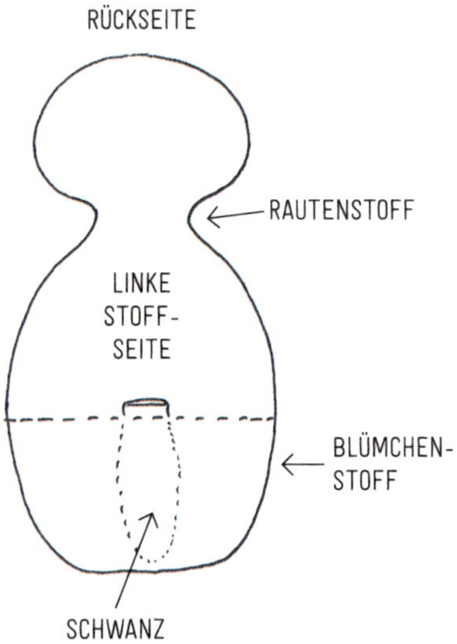
RÜCKSEITE
RAUTENSTOFF
LINKE STOFF-SEITE
BLÜMCHEN-STOFF
SCHWANZ

6

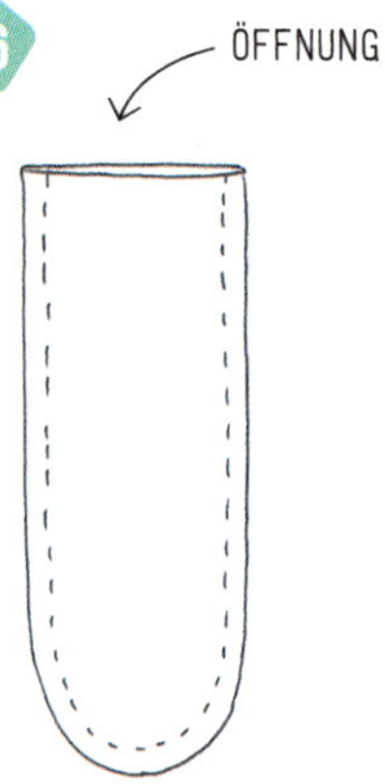
ÖFFNUNG

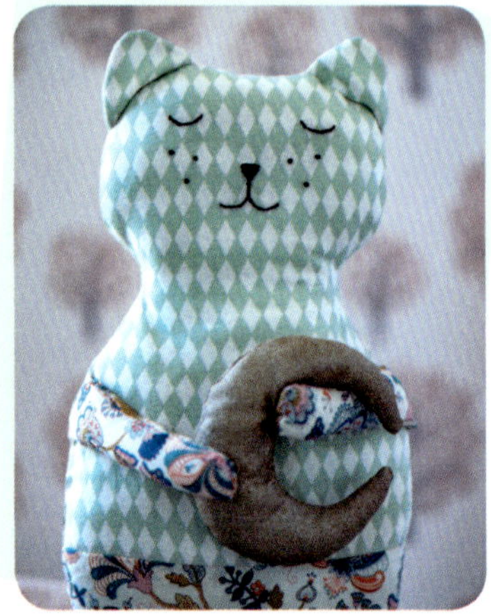

10

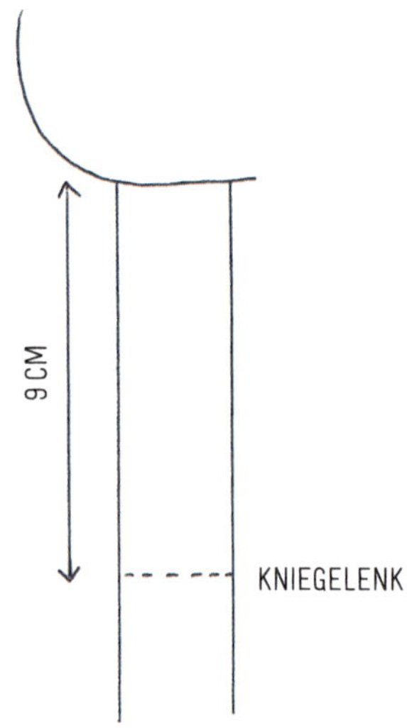
9 CM
KNIEGELENK

7

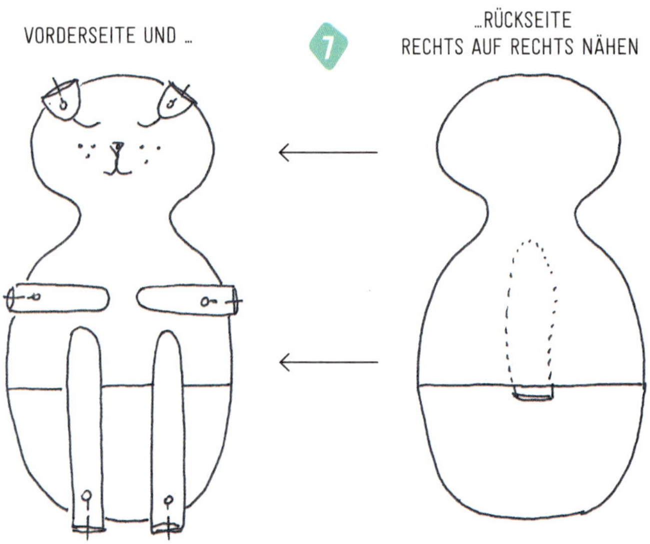
VORDERSEITE UND ...
...RÜCKSEITE RECHTS AUF RECHTS NÄHEN

11

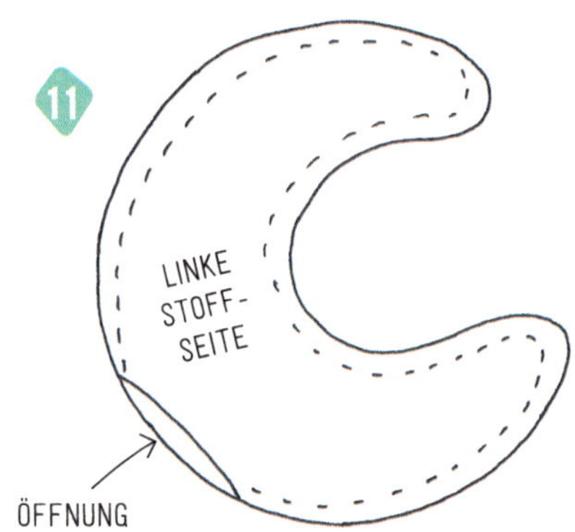
LINKE STOFF-SEITE
ÖFFNUNG

Hungriges Faultier

Material

20 x 145 cm Baumwollflanell in Hellgrau • 20 x 140 cm kurzfloriger Samt in Weiß • 20 x 30 cm Wollfilz in Schwarz • 10 x 140 cm Musselin in Grün • 10 x 25 cm dünnes Volumenvlies • Wollstickgarn in Schwarz, Anthrazit und Ecru • Nähgarn in Hellgrau, Ecru und Grün • Haftvlies

1 Aufbügeln

Die Vorlagen vergrößern und die Konturen auf die Stoffe übertragen. Augen (Filz) und Gesicht (Samt) ohne Nahtzugabe zuschneiden. Die Augen mit Haftvlies aufs Gesicht bügeln. Dann das Gesicht auf die Körpervorderseite bügeln.

2 Applizieren

Die Konturen der Augen und des Gesichts mit engen, breiten Zickzackstichen applizieren (siehe Seite 8).

3 Sticken

Die Körpervorderseite in einen Stickrahmen spannen. Die Augen in Ecru sticken (3-fädig), Nase und Mund in Schwarz, die Haare in Anthrazit. Für die längeren Haarbüschel auf Kopf und Körper von der Vorder- zur Rückseite und wieder zur Vorderseite stechen, die Fäden gut verknoten und 1 cm über dem Knoten abschneiden. Den Stoff aus dem Stickrahmen lösen. 2 Körper zuschneiden.

4 Bauchtasche

Aus Flanell einen Streifen von 10 x 19 cm zuschneiden und eine lange Kante säumen.

5 Arme und Beine

8 Krallen aus Samt zuschneiden. Je 2 rechts auf rechts zusammennähen, gerade Seite offen lassen. Ausstopfen, dann in der Mitte absteppen. Aus Flanell 4 Streifen von 7 x 24 cm (Arme) und 4 Streifen von 7 x 13 cm (Beine) zuschneiden. Je 2 Streifen an den Längskanten zusammennähen. Die Krallen rechts auf rechts in ein Ende stecken und quer darübernähen. Arme und Beine wenden.

6 Zusammennähen

Die Tasche auf die Vorderseite stecken und die Ränder von rechts annähen und in der Mitte senkrecht absteppen, um sie zu fixieren. Arme und Beine auf die Vorderseite stecken, dann Vorder- und Rückseite rechts auf rechts zusammennähen. Eine Öffnung zum Wenden lassen.

7 Ausstopfen

Das Faultier auf rechts wenden, ausstopfen und die Öffnung mit der Hand zunähen.

8 Blätter

6 Blätter aus grünem Stoff zuschneiden. Je 2 Blätter rechts auf rechts legen und auf Volumenvlies stecken. Zusammennähen, dabei eine Öffnung lassen. Das Vlies 1 cm außerhalb der Naht abschneiden. Auf rechts wenden und die Öffnung mit der Hand zunähen.

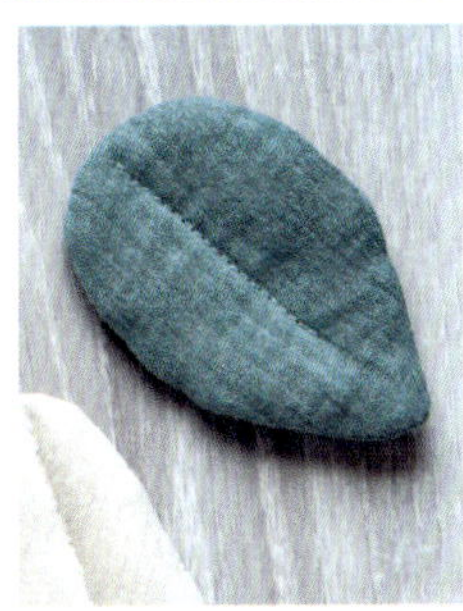

Die Blätter in der Mitte doppelt absteppen.

Blätter

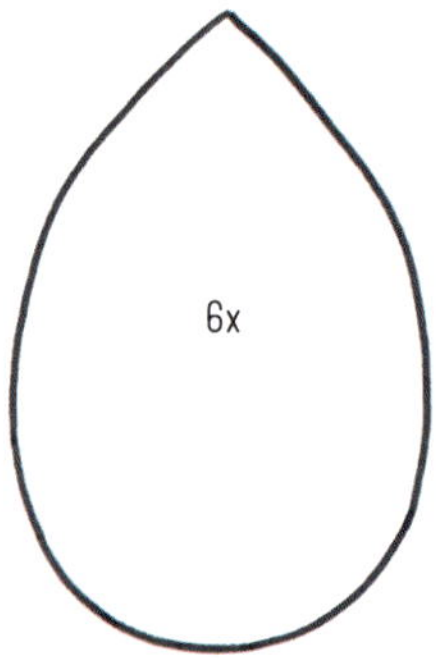

Kralle

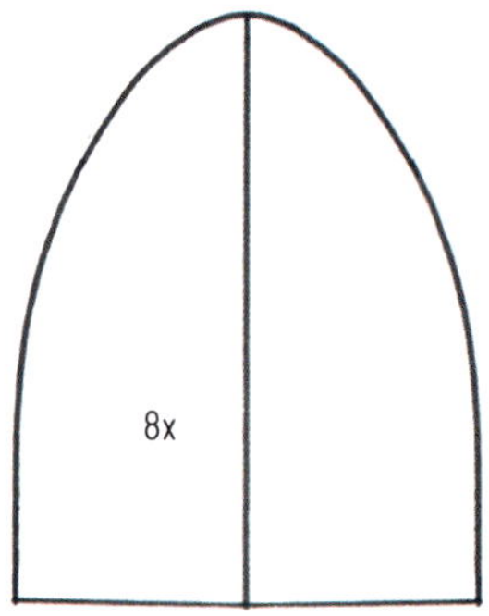

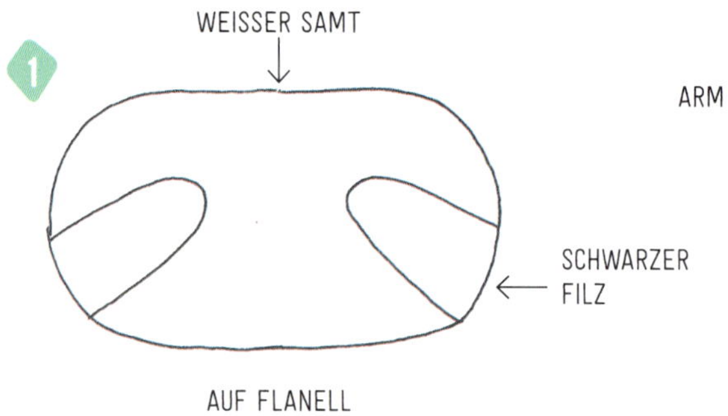

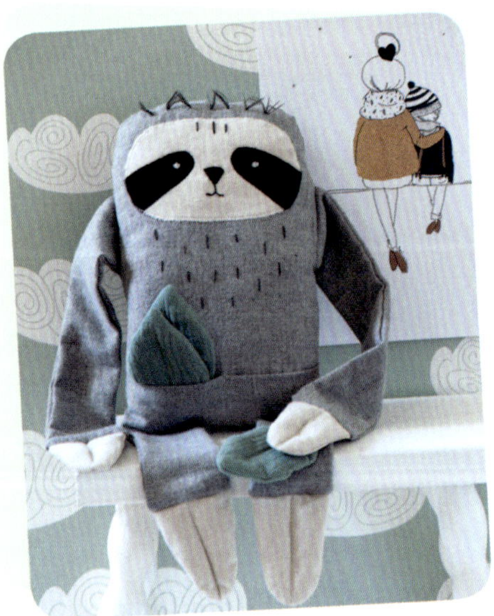

Keine Nahtzugabe an den Applikationen

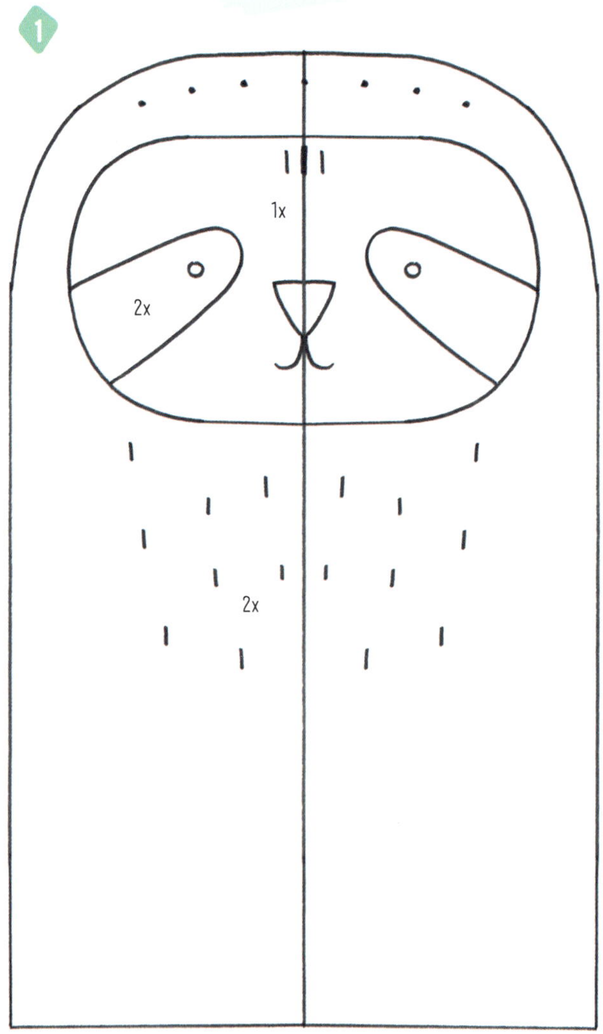

BEIN SETZT 1,5 CM NEBEN DER SEITENKANTE AN.

Faultier, Krallen und Blätter auf **200 %** vergrößern.

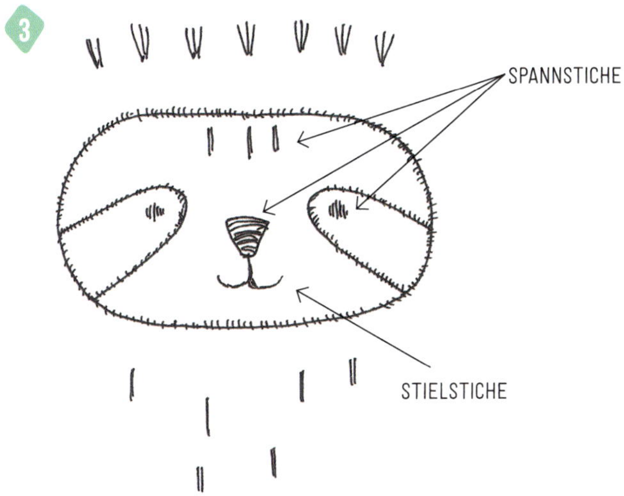

Krallen

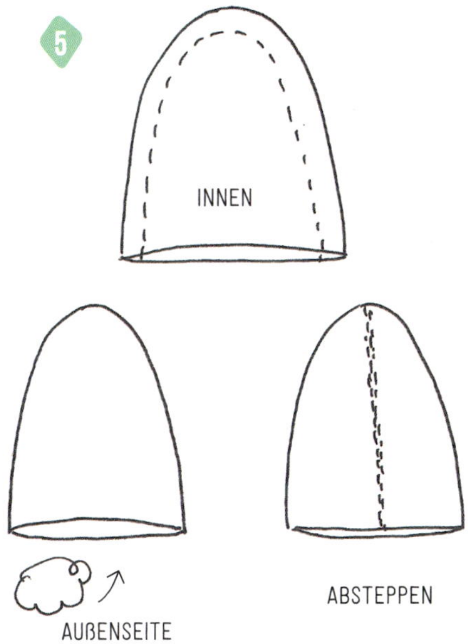

Arm/Bein

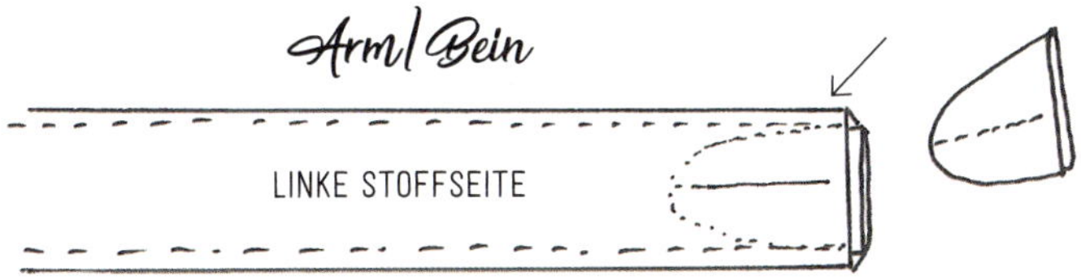

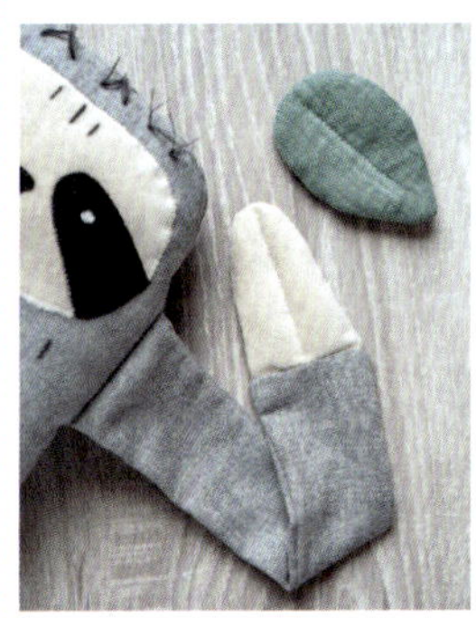

Die Krallen an die Enden der Arme und Beine nähen.

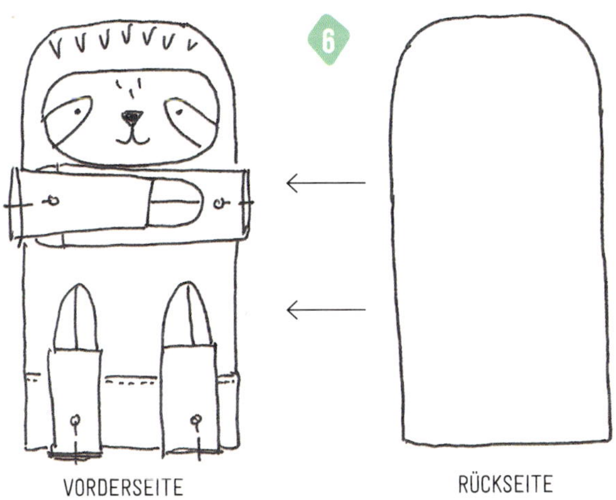

LEVEL

HÖHE 18 CM

SCHAFE SCHWARZ-WEISS

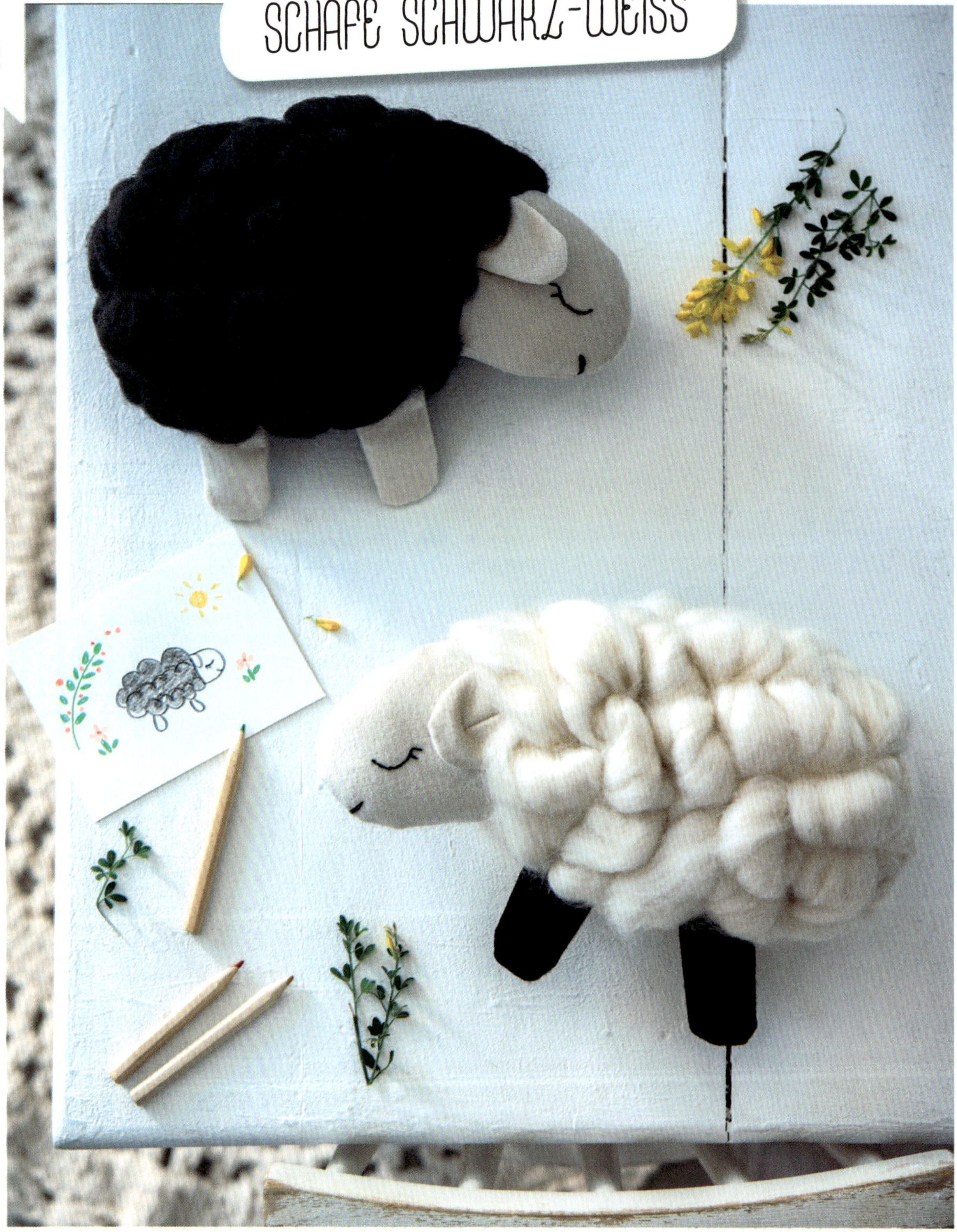

WEICHER WASCHBÄR

LEVEL

HÖHE
23 CM

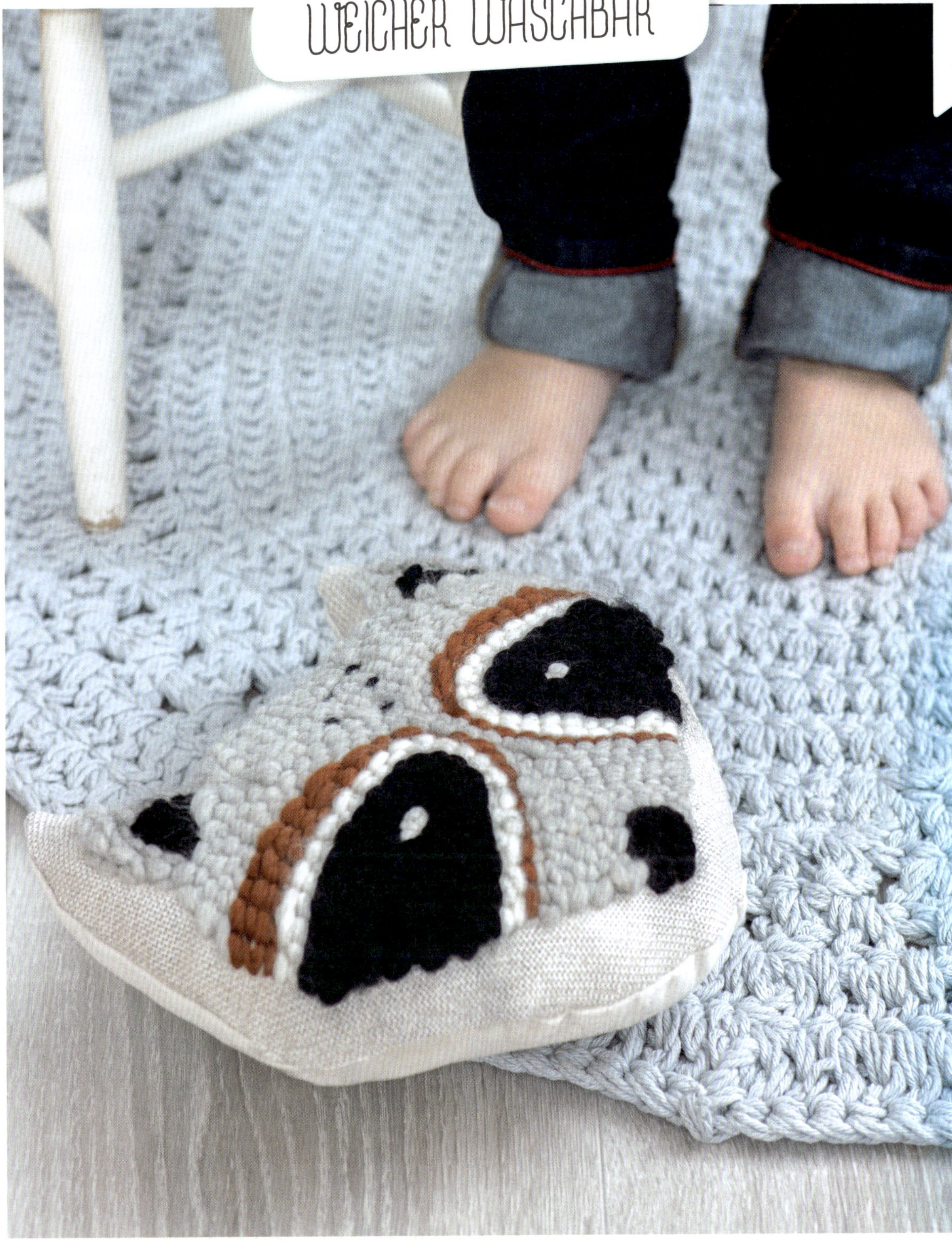

Schafe Schwarz-Weiss

Material

20 x 140 cm kurzfloriger Samt in Weiß • 20 x 140 cm Molton in Schwarz • extradicke Handarbeitswolle in Ecru und Schwarz • Wollstickgarn in Schwarz • Nähgarn in Schwarz und Ecru

1 Übertragen

Die Vorlagen vergrößern und mit Durchschreibepapier auf die Stoffe übertragen.

2 Sticken

Samt in einen Stickrahmen einspannen, Augen und Mund aufsticken.

3 Ohren

Die Ohren zuschneiden (5 mm Nahtzugabe sind inbegriffen), paarweise rechts auf rechts zusammennähen, unten offen lassen. Auf rechts wenden und keilförmig absteppen.

4 Beine

Je 4 Beine aus schwarzem Molton und weißem Samt zuschneiden. Paarweise rechts auf rechts zusammennähen, unten offen lassen. Alle Beine auf rechts wenden.

5 Zusammennähen

Köpfe (alle hell) und Körper (2 hell, 2 dunkel, jeweils spiegelverkehrt) zuschneiden. Rechts auf rechts zusammennähen, dabei die Ohren in der Naht mitfassen.

6 Fell

Die Wollfäden mittels kurzer Quernähte so auf die Körper nähen, dass eine Schlaufenoberfläche entsteht. Helle Wolle auf hellen Stoff, dunkle Wolle auf dunklen Stoff.

7 Nähen

Die Beine (kontrastfarbig) auf der rechten Stoffseite (auf den Schlaufen) feststecken. Auf links wenden und die Körperunterseite zusammennähen. Dabei eine Öffnung lassen.

8 Ausstopfen

Die Schafe auf rechts wenden, ausstopfen und die Öffnungen mit der Hand zunähen.

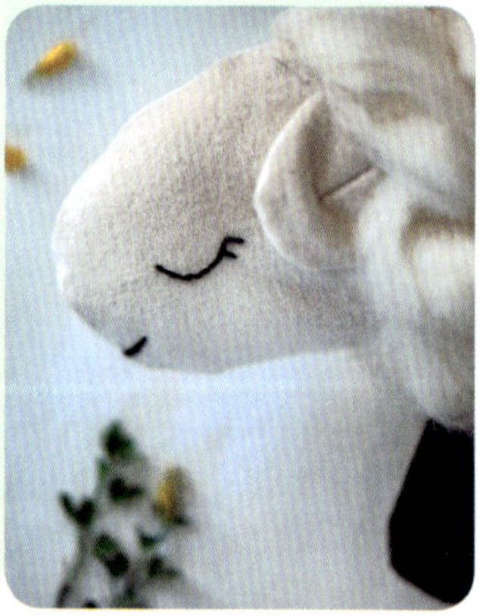

Die Ohren in der Naht mitfassen.

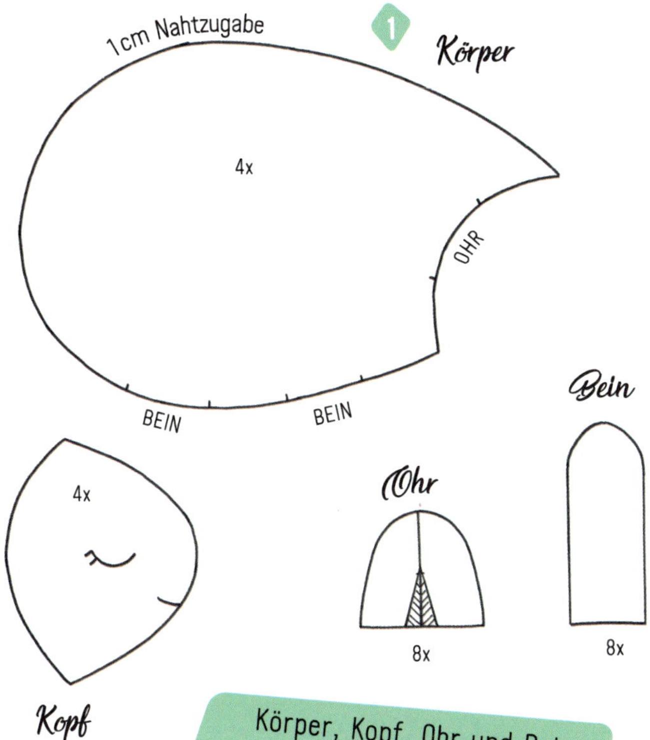

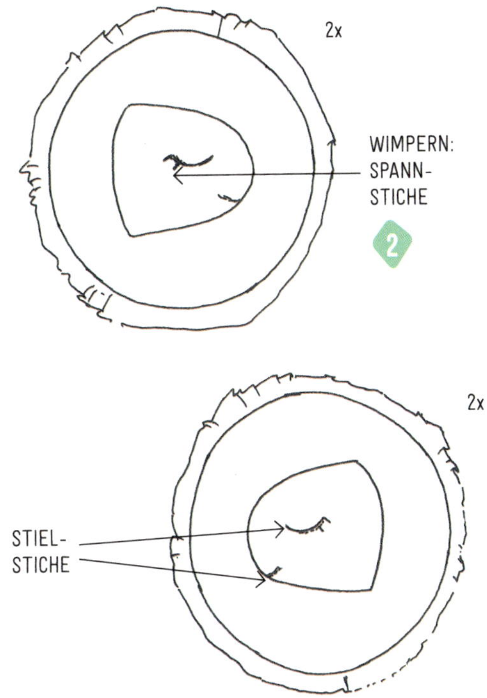

Körper, Kopf, Ohr und Bein auf **240 %** vergrößern.

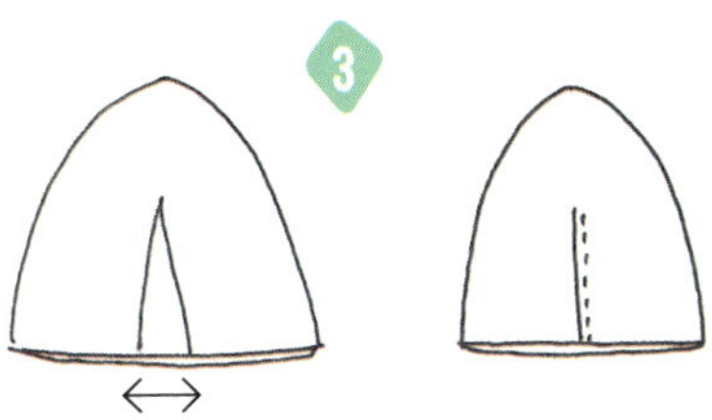

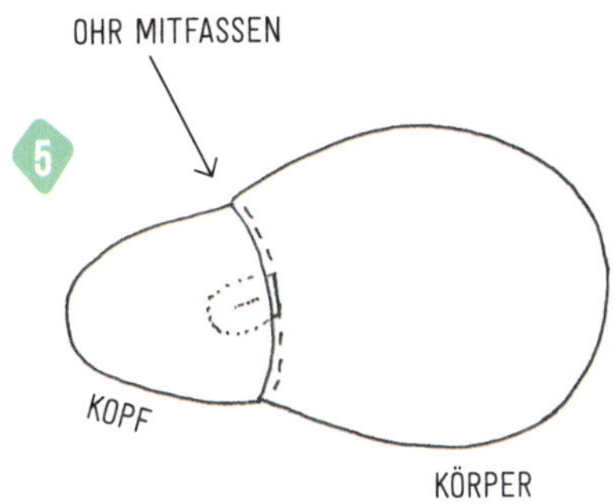

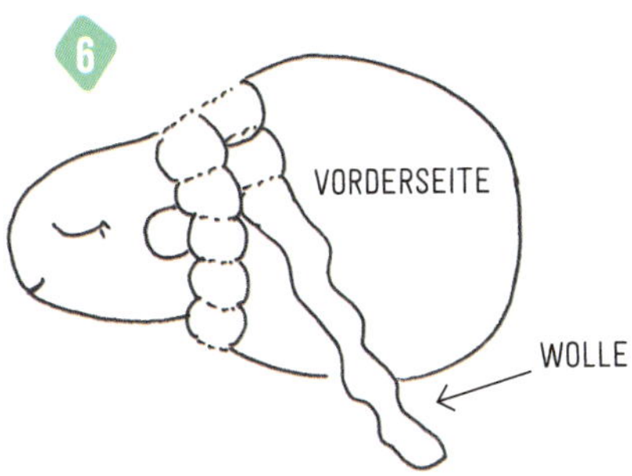

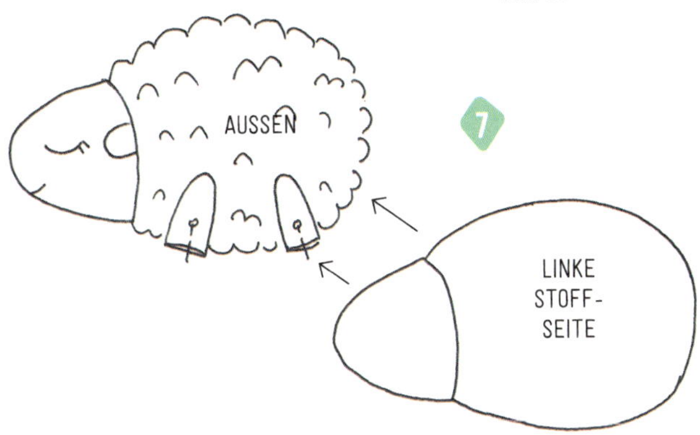

WEICHER WASCHBÄR

MATERIAL

Handarbeitswolle in Hellgrau, Braun, Ecru und Schwarz • Coupon oder 50 cm Floba-Zählstoff • 25 x 140 cm kurzfloriger Samt in Weiß • Punch Needle • Nähgarn in Beige • Haftvlies

1 ÜBERTRAGEN

Die Vorlagen vergrößern und auf die Stoffe übertragen. Den Zählstoff in den Stickrahmen einspannen.

2 PUNCH-STICKEREI

Zuerst die schwarze Wolle von hinten in die Punch Needle einfädeln. Mit der Augenpartie beginnen. Die Nadel beim Einstechen in den Stoff leicht drehen, dann herausziehen und in 5 mm Abstand wiederholen. Den Faden dabei locker lassen. Alle Flächen in den angegebenen Farben ausfüllen. Bitte auch die Anwendungshinweise des Nadelherstellers beachten.

3 AUGEN UND HAARE

Augen und einzelne Haare wie zuvor auf die bereits gefüllten Flächen sticken.

4 ZUSCHNEIDEN

Den Stoff aus dem Stickrahmen lösen. Das Motiv mit 3,5 cm Abstand zur Stickerei ausschneiden. Die Rückseite in gleicher Form und Größe aus Samt zuschneiden.

5 ZUSAMMENNÄHEN

Das Haftvlies auf die Rückseite der Stickerei bügeln, um die Fäden zu fixieren. Den bestickten Stoff versäubern. Vorder- und Rückseite rechts auf rechts stecken und zusammennähen, dabei eine Öffnung lassen.

6 AUSSTOPFEN

Den Waschbären auf rechts wenden, ausstopfen und die Öffnung mit der Hand zunähen.

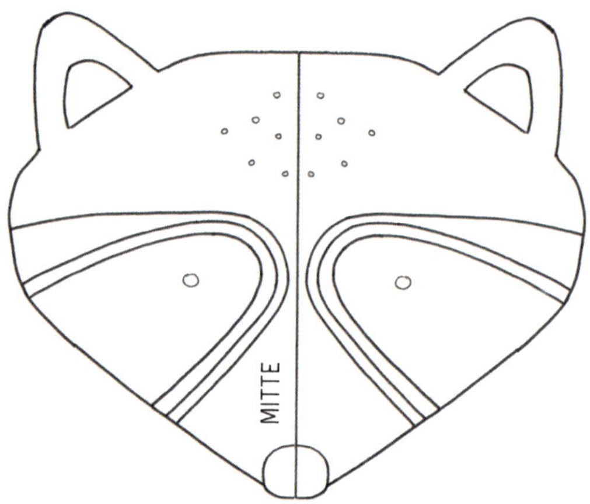

Waschbär auf **325 %** vergrößern.

1

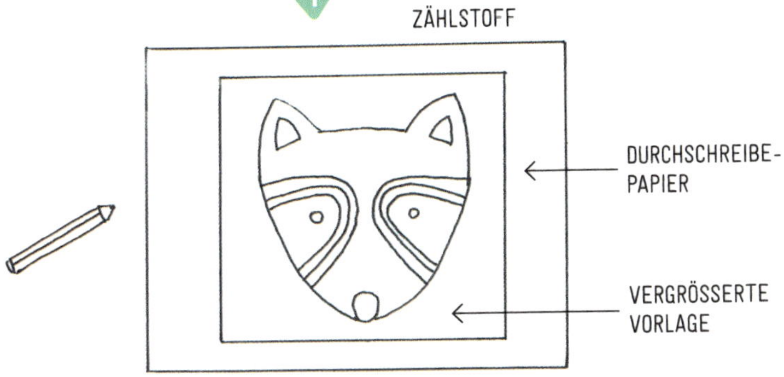
ZÄHLSTOFF
DURCHSCHREIBE-
PAPIER
VERGRÖSSERTE
VORLAGE

2

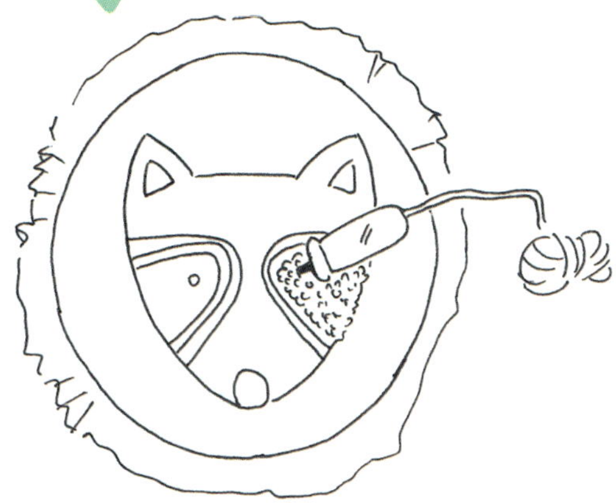

4

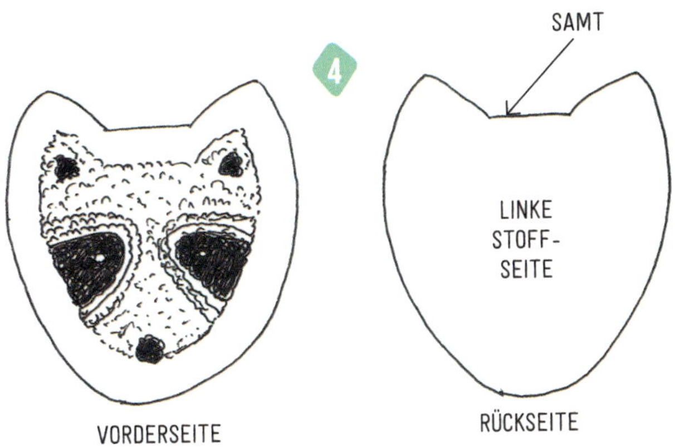
SAMT
LINKE
STOFF-
SEITE
VORDERSEITE
RÜCKSEITE

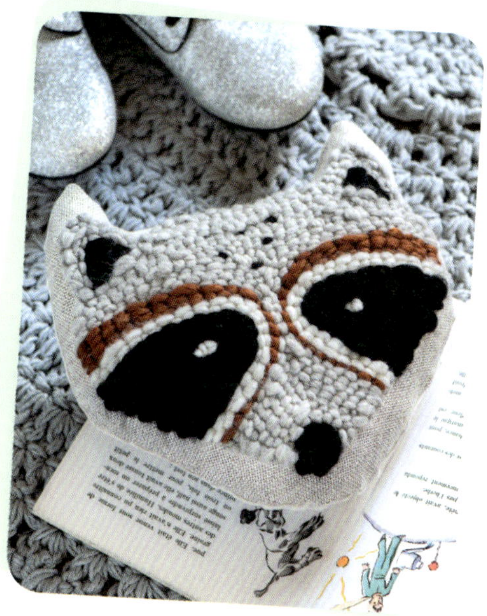

6

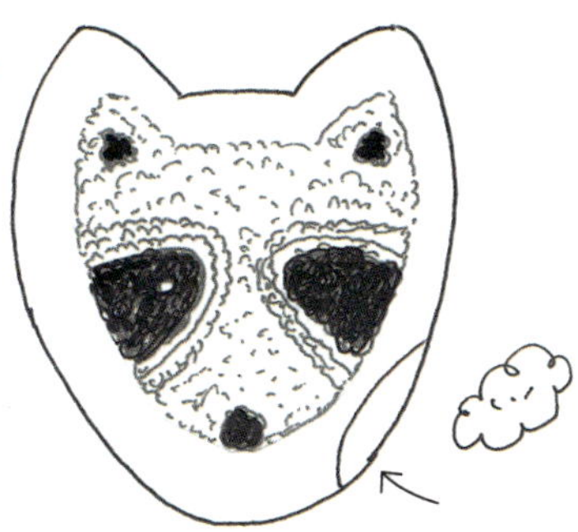

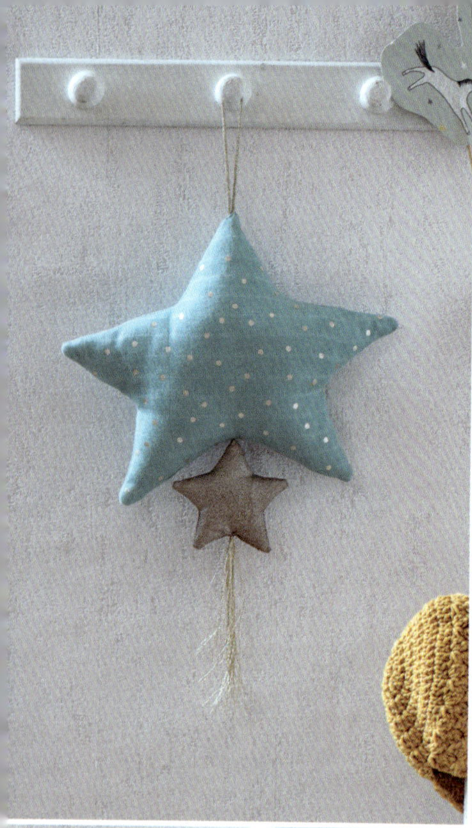

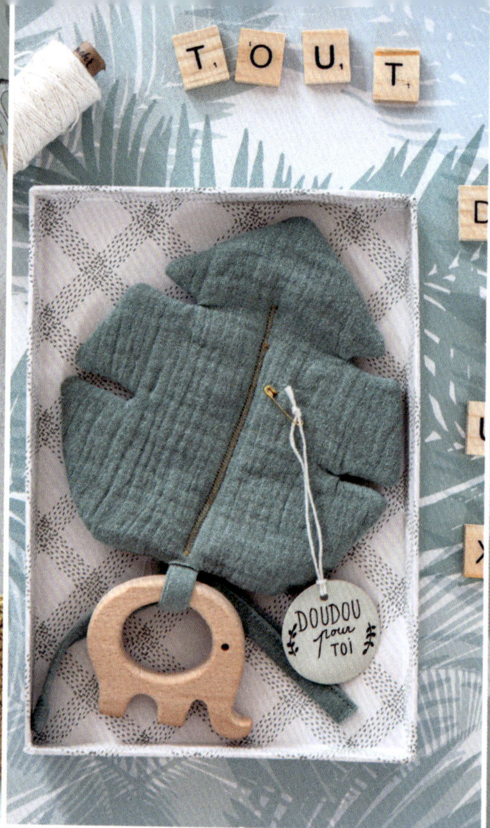
TOUT
DOUDOU
pour
TOI

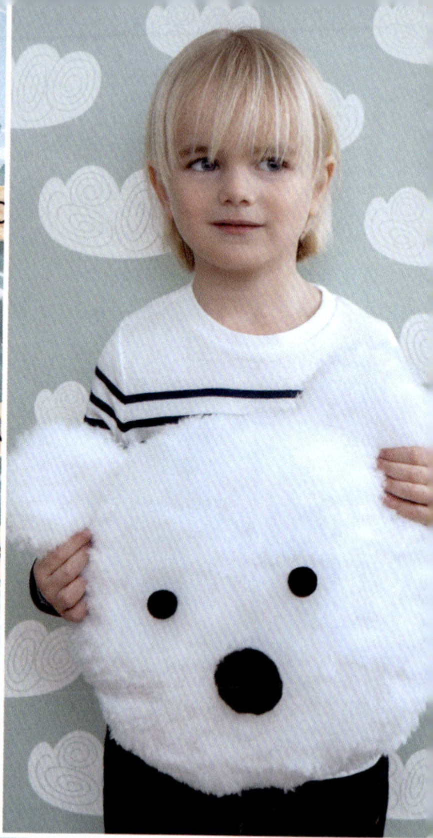

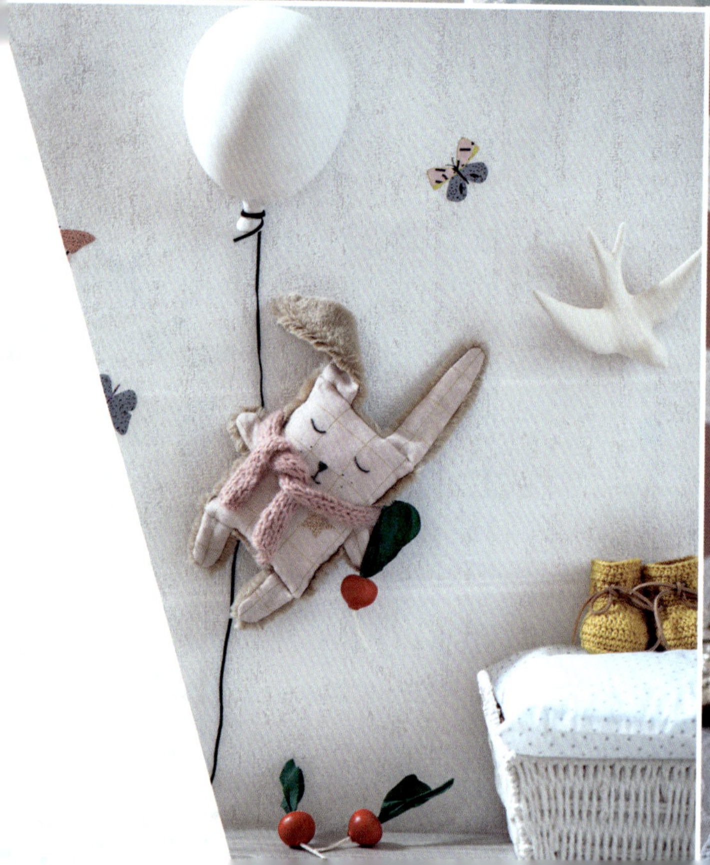

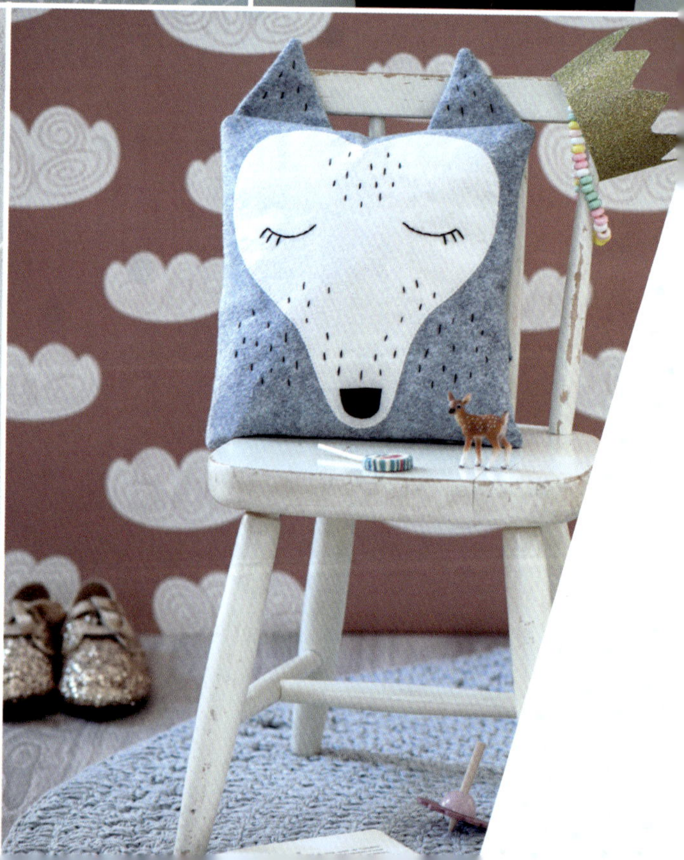

NIEDLICH & NÜTZLICH

LEVEL

HÖHE
40 CM

MUSIKALISCHER STERN

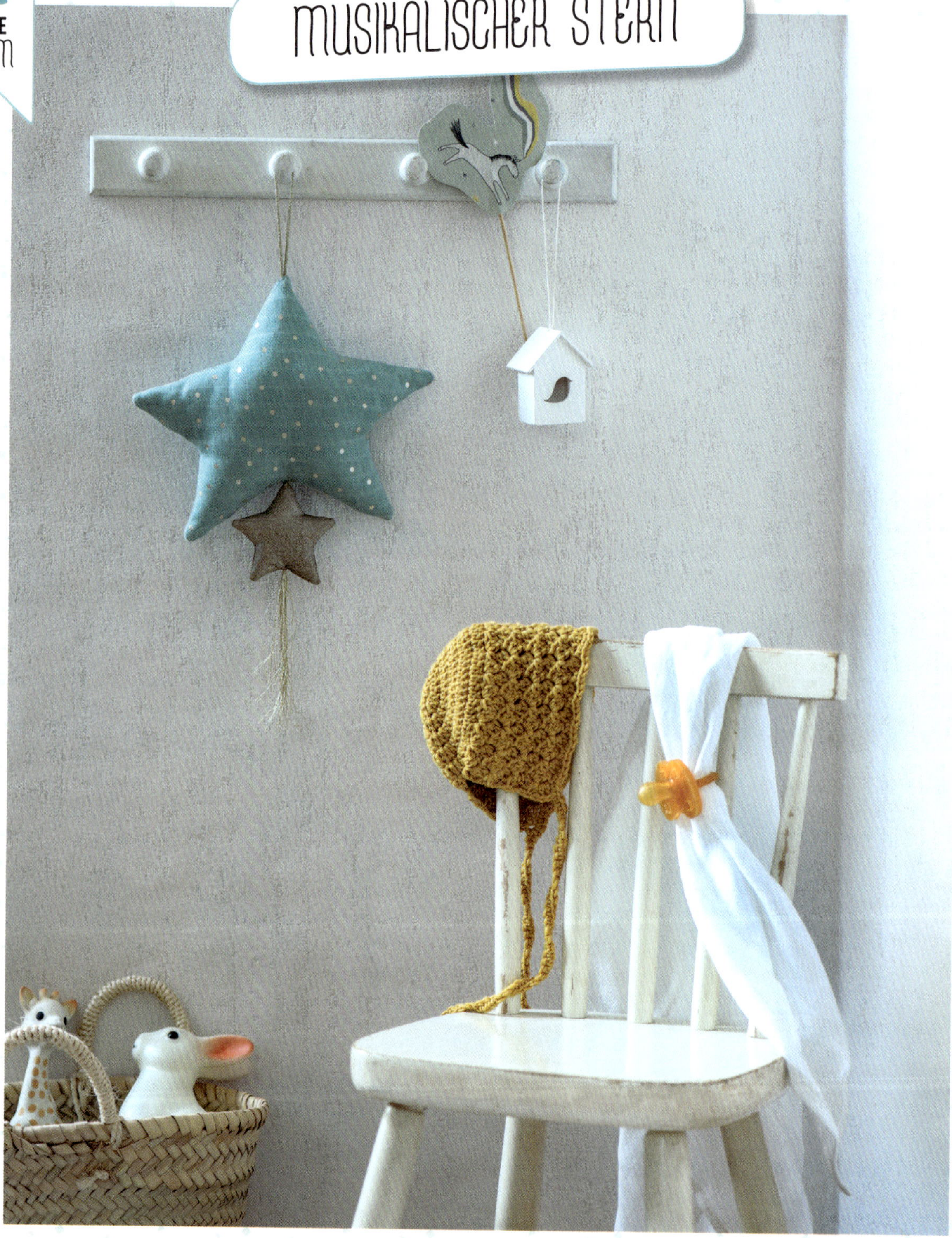

DSCHUNGELBEISSRING

LEVEL

HÖHE 14 cm

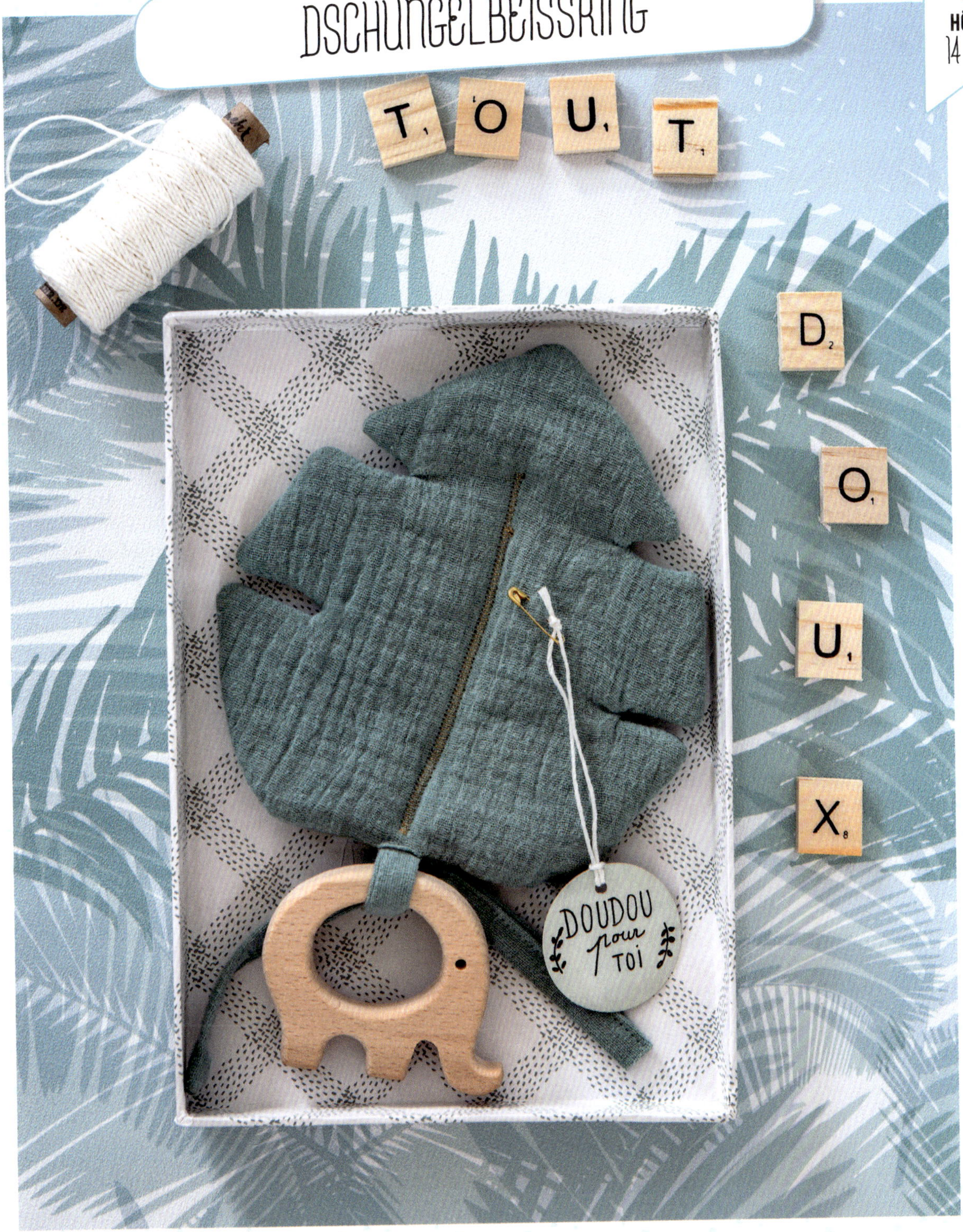

MUSIKALISCHER STERN

MATERIAL

25 x 140 cm Musselin in Grün mit Pünktchen · 35 cm Goldkordel · Coupon oder Stoffrest in Goldmetallic · Spieluhr · Sticktwist in Gold · Nähgarn in Grün und Beige

1 ZUSCHNEIDEN

Die Vorlagen vergrößern. 4 große Sterne aus grünem Musselin und 2 kleine Sterne aus Goldstoff zuschneiden.

2 SPIELUHR

Durch den oberen Ring der Spieluhr ein 35 cm langes Stück Kordel ziehen und verknoten, sodass eine Schlaufe von etwa 15 cm Länge entsteht.

3 ZUSAMMENNÄHEN

Je 2 grüne Sterne aufeinanderstecken und die Kanten gemeinsam versäubern. Dann die doppellagigen Sterne rechts auf rechts zusammennähen. Dabei zwei kleine Öffnungen lassen: unten zwischen zwei Zacken und am oberen Zacken. Den Stern auf rechts wenden.

4 AUSSTOPFEN

Die Spieluhr in den Stern schieben. Die Schlaufe 8 cm weit durch die obere Öffnung herausziehen, die Zugkordel durch die untere Öffnung führen. Die obere Öffnung zusteppen, um die Schlaufe zu fixieren. Den Stern ausstopfen und die untere Öffnung mit der Hand zunähen.

5 KLEINER STERN

Die goldenen Sterne rechts auf rechts zusammennähen, dabei ebenfalls oben und unten Öffnungen lassen. Auf rechts wenden und den Schweif aus goldenem Stickgarn anbringen. Die Zugschnur der Spieluhr in die obere Öffnung führen und den Stern sorgfältig und stabil an ihr festnähen. Gleichzeitig die obere Öffnung zunähen. Den Stern ausstopfen und die untere Öffnung mit der Hand zunähen.

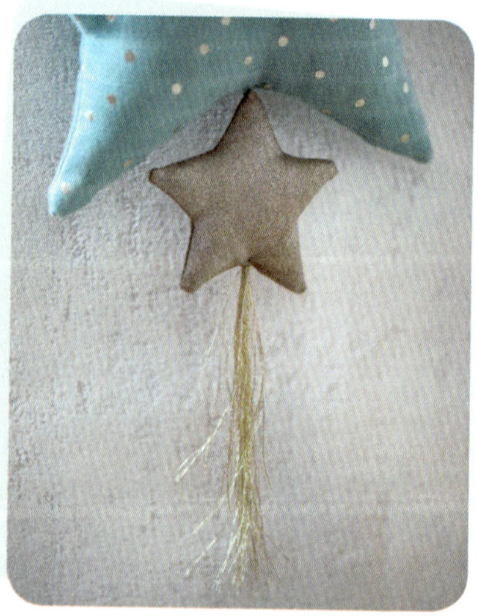

Man zieht am kleinen Stern und schon erklingt Musik.

1

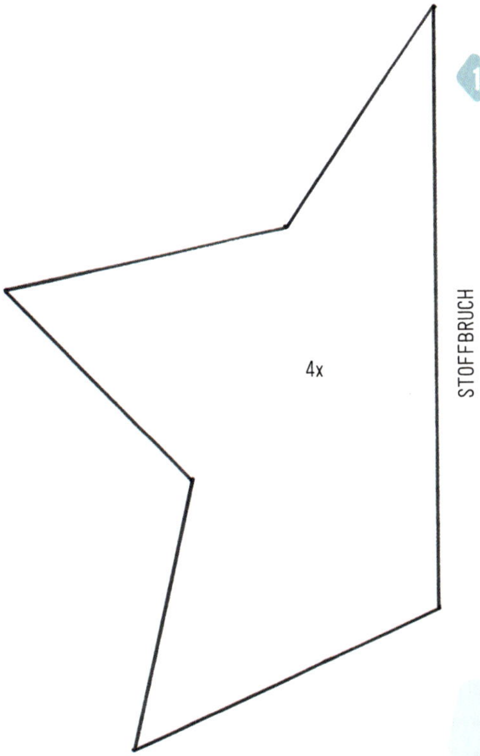

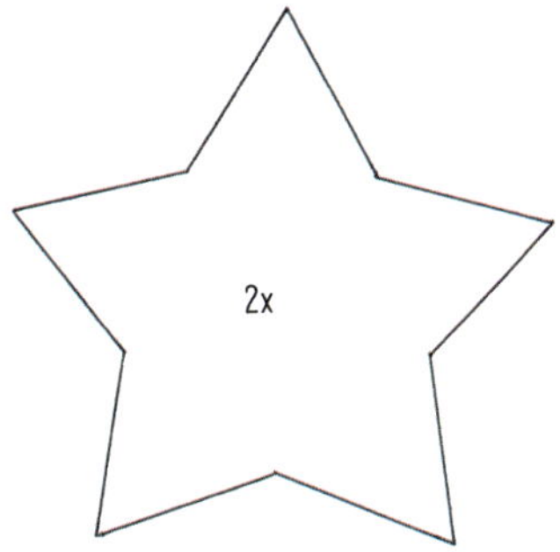

2

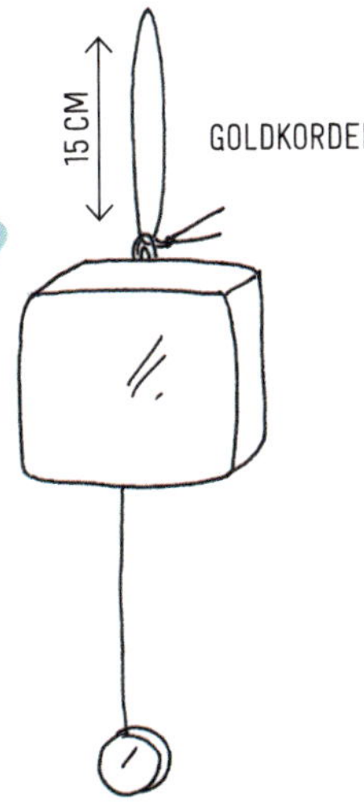

Sterne auf
400 % vergrößern.

3

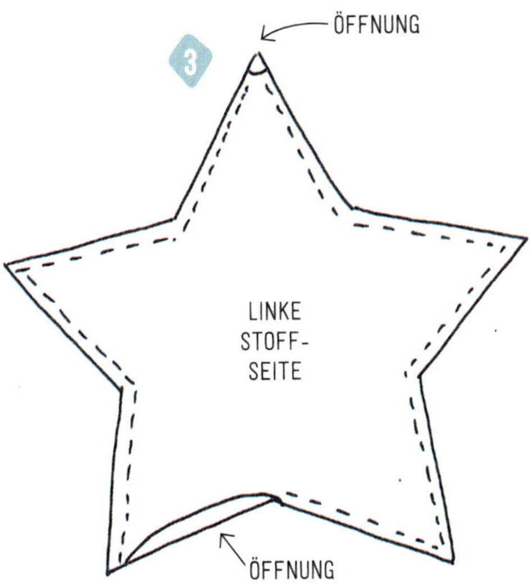

4

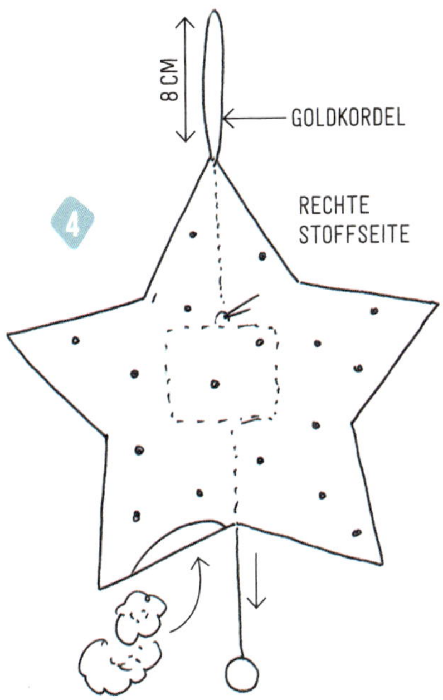

5

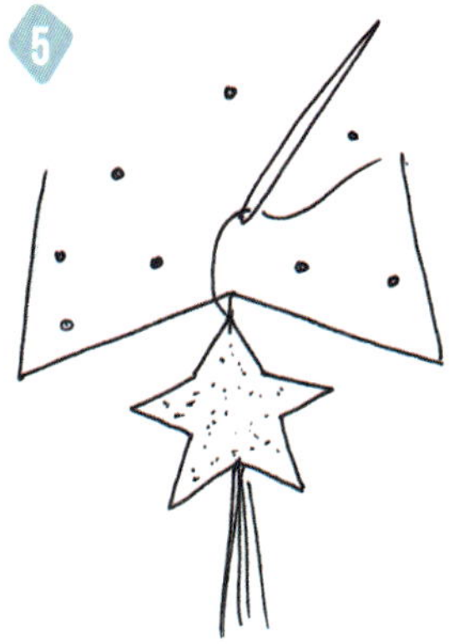

DSCHUNGELBEISSRING

MATERIAL

20 x 140 cm Baumwollmusselin in Grün • Beißring aus Holz in Elefantenform • 20 cm Volumenvlies • Nähgarn in Gold und Grün

1 BAND FÜR DEN RING

Einen Stoffstreifen von 4 x 34 cm zuschneiden. Alle Kanten 1 cm nach links einschlagen. Den Streifen doppelt legen und rundum absteppen.

2 ZUSAMMENNÄHEN

Die Vorlage vergrößern. 2 Stoffquadrate mit 20 cm Seitenlänge ausschneiden, die Vorlage auf eine linke Seite übertragen. Die Quadrate rechts auf rechts auf das Volumenvlies stecken und die Blattkontur nähen. Unten eine Öffnung lassen. Die Nahtzugaben auf 1 cm zurückschneiden. Auf rechts wenden. Das Band in der Mitte falten und den Stoffbruch in die Öffnung schieben. Die Öffnung zunähen.

3 FERTIGSTELLUNG

Eine Blattader aus Zickzackstichen mit Goldgarn absteppen. Den Beißring mit dem Band festknoten.

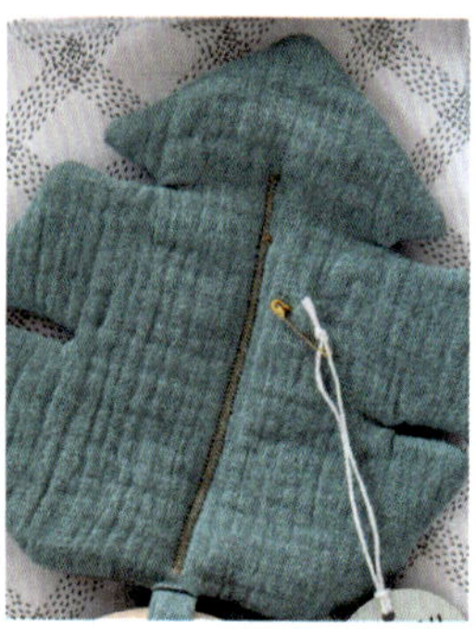

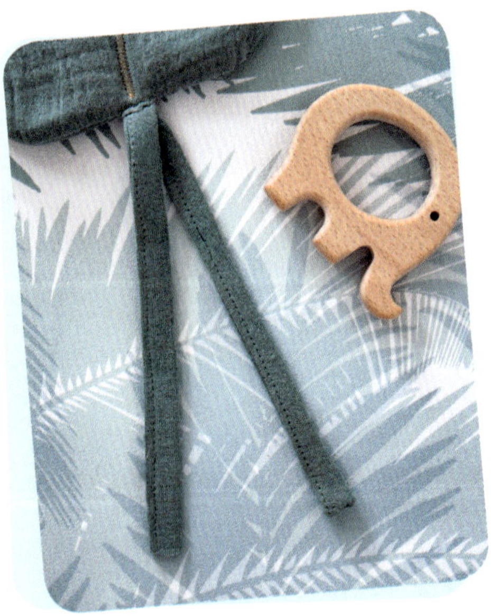

1

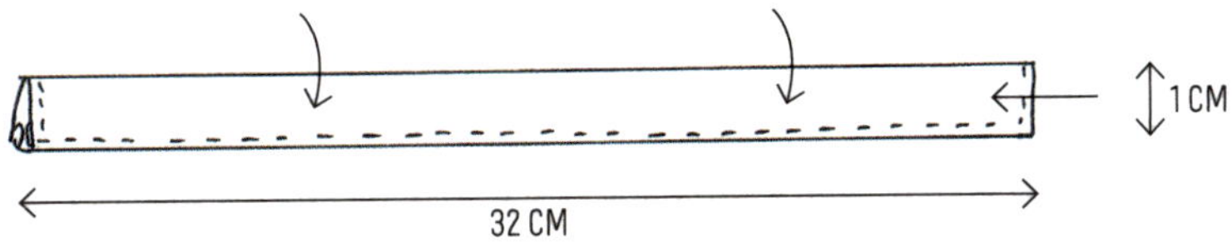

2

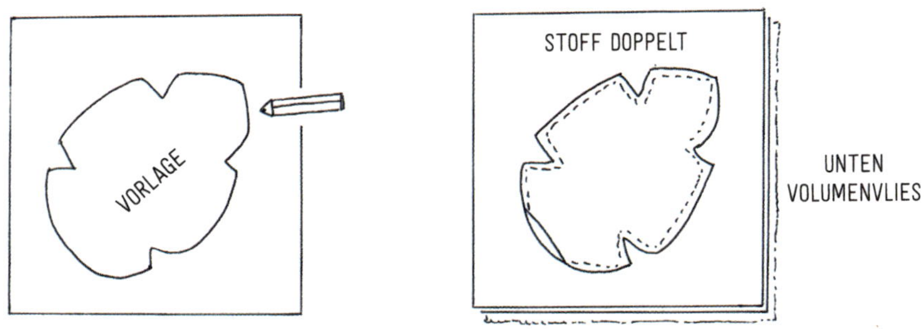

3

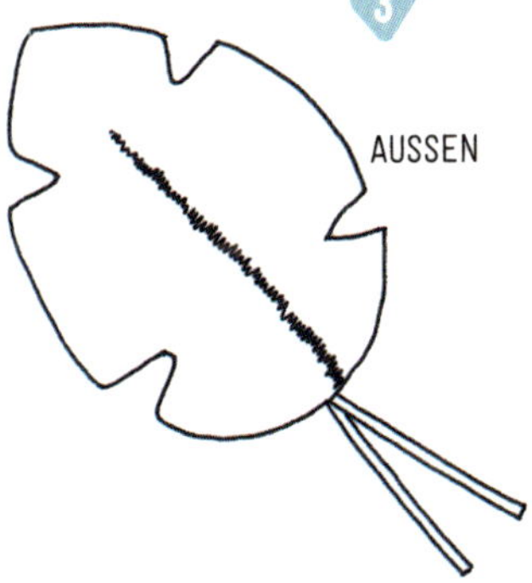

Das Blatt auf **185 %** vergrößern.

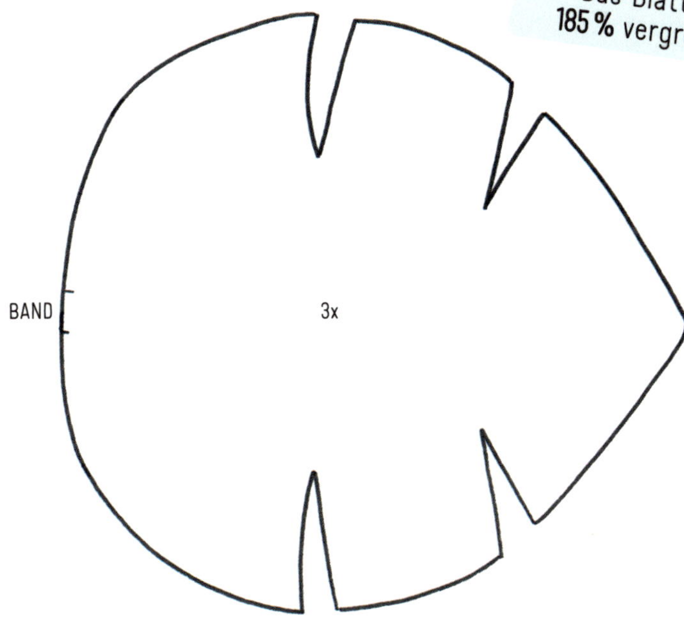

LEVEL

HÖHE
33 CM

PYJAMAHÜTER

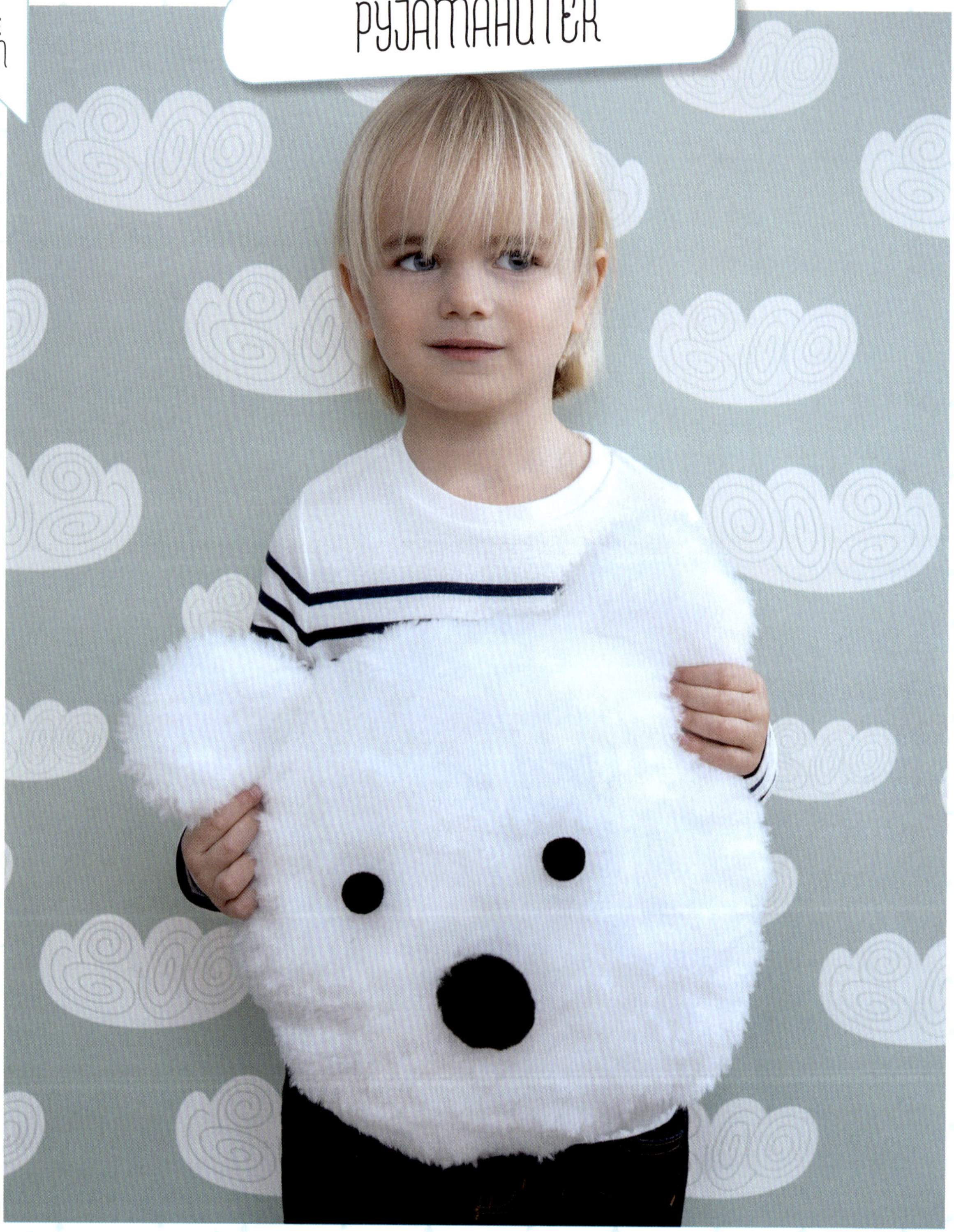

KLAPPERHASE

LEVEL

HÖHE
30 CM

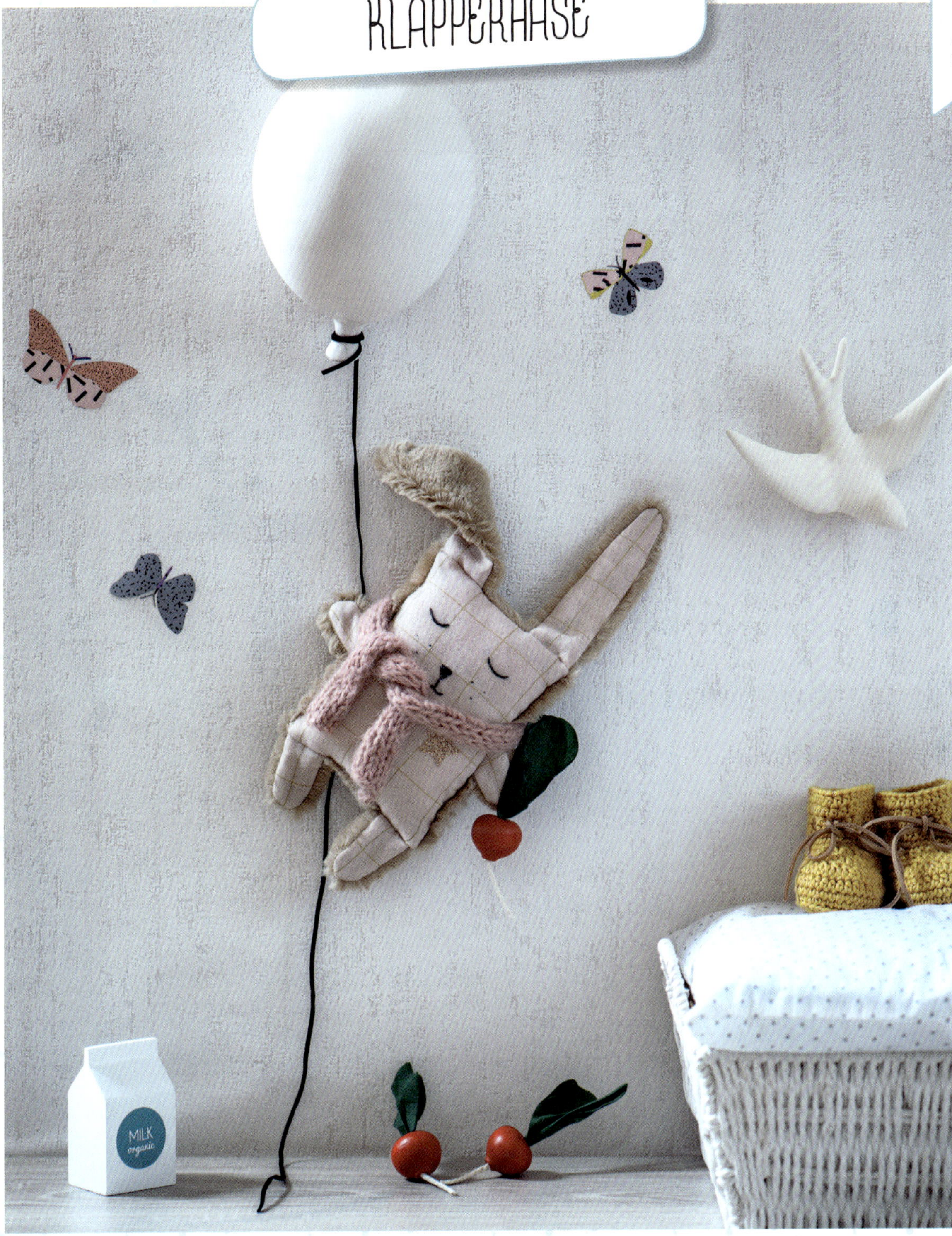

PYJAMAHÜTER

MATERIAL

40 x 150 cm Webpelz in Weiß •
Pompons in Schwarz: 2 Stück à 2,5 cm und 1 à 5 cm •
Nähgarn in Schwarz und Weiß • Textilkleber

1 ZUSCHNEIDEN

3 Kreise à 35 cm Durchmesser zuschneiden. Von 2 Kreisen je ein Segment von 10 cm Höhe abschneiden. Die Ohrvorlage auf die linke Stoffseite des Webpelzes übertragen und 4x zuschneiden.

2 OHREN

Die Ohren rechts auf rechts zusammennähen, dabei die Unterkanten offen lassen. Die Ohren auf rechts wenden.

3 SÄUMEN

Die geraden Kanten der abgeschnittenen Kreise säumen.

4 ZUSAMMENNÄHEN

Die Ohren auf die Vorderseite des ganzen Kreises stecken. Die beiden gesäumten Teile rechts auf rechts auf das Vorderteil legen, die gesäumten Kanten überlappen in der Mitte. Rundum zusammennähen, dann auf rechts wenden.

5 POMPONS

Die kleinen Pompons mit 10 cm Abstand als Augen aufkleben, den großen Pompon 5 cm darunter als Nase. Alle 3 von innen sorgfältig und stabil festnähen, damit sie sich nicht lösen können.

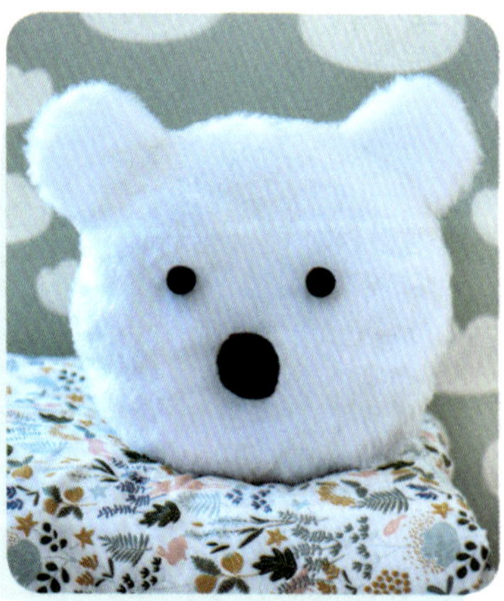

Die Pompons für Augen und Nase sorgfältig, aber unauffällig festnähen.

Ohr

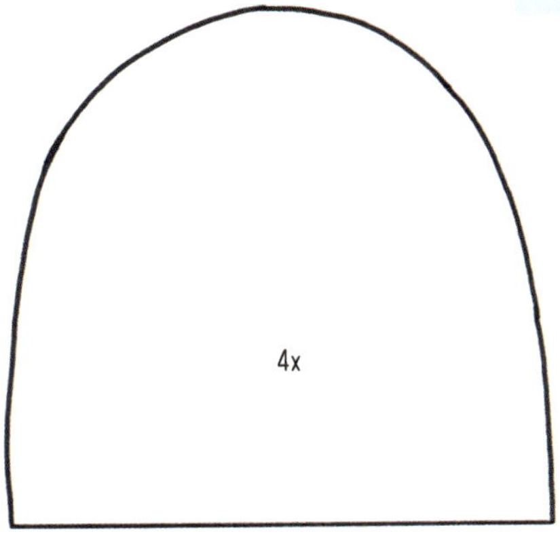

Keine Nahtzugaben

Ohr auf **185 %** vergrößern.

1

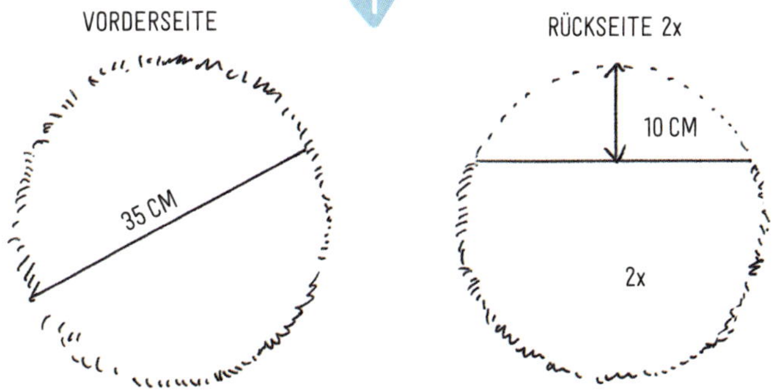

3

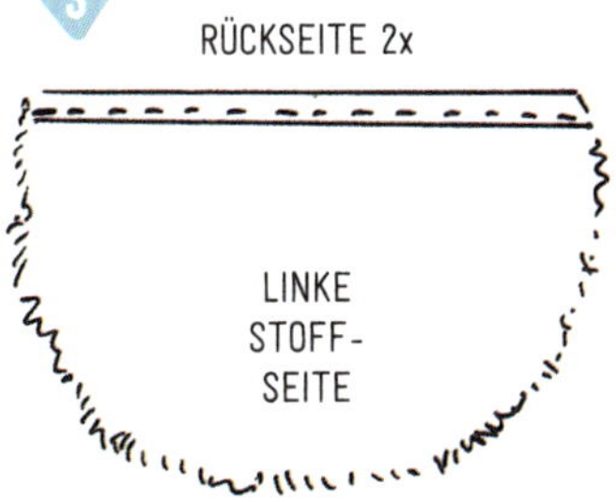

4

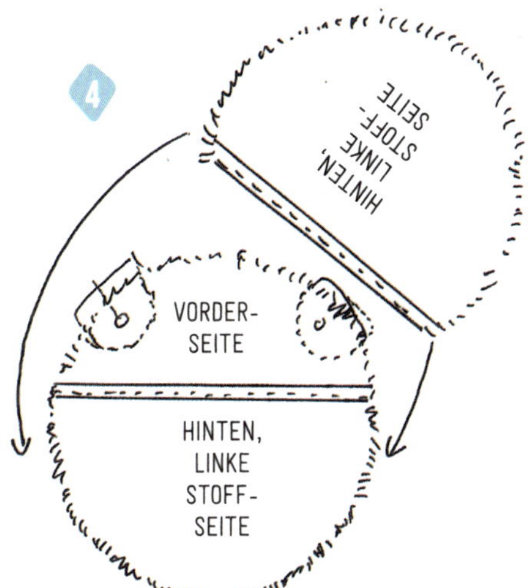

5

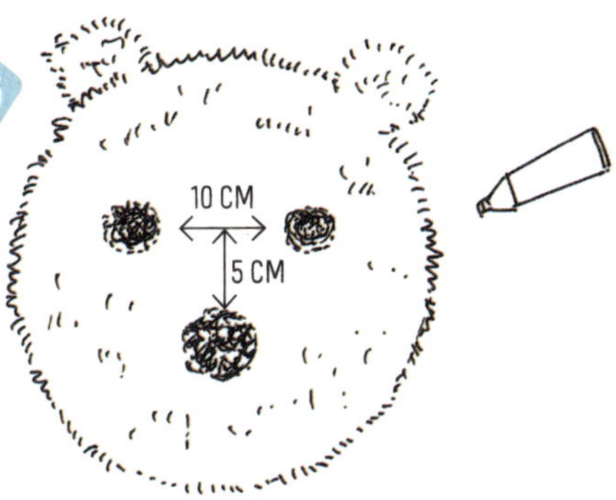

KLAPPERHASE

MATERIAL

20 x 150 cm Baumwollmusselin in Haut • 20 x 140 cm Webpelz in Beige • 1 Rassel • Wollstickgarn in Anthrazit • dicke Handarbeitswolle in Rosa • kleiner Rest Pailletten- oder Glitzerstoff zum Aufbügeln • Nähgarn in Haut • 1 Paar Stricknadeln Nr. 4 • Sternmotivlocher

1 ÜBERTRAGEN

Die Vorlagen vergrößern und mit Durchschreibepapier auf den Stoff übertragen.

2 STICKEN

Den Musselin in einen Stickrahmen einspannen. Augen, Mund, Nase und Barthaare sticken (2-fädig). Aus dem Stickrahmen lösen und mit 1 cm Nahtzugabe zuschneiden.

3 ZUSCHNEIDEN

Den Hasenkörper aus Webpelz zuschneiden, 4 Beine aus Baumwollstoff und 4 aus Webpelz sowie 4 Ohren, davon 2 aus Baumwollstoff und 2 aus Webpelz.

4 OHREN UND BEINE

Jeweils ein Ohr aus Webpelz und Baumwolle rechts auf rechts zusammennähen, die gerade Kante offen lassen. Die Beine ebenso nähen. Alle Teile auf rechts wenden.

5 ZUSAMMENNÄHEN

Ohren und Beine auf die Vorderseite des Hasen stecken. Den Körper aus Webpelz rechts auf rechts auflegen, beide Teile zusammennähen, dabei eine Öffnung lassen.

6 AUSSTOPFEN

Den Hasen auf rechts wenden, die Rassel hineinschieben, dann ausstopfen. Die Öffnung mit der Hand zunähen.

7 STERN

Aus Paillettenstoff einen Stern ausschneiden oder ausstanzen und in Herzhöhe auf den Hasen bügeln oder nähen.

8 SCHAL

7 Maschen anschlagen und glatt rechts einen Schal von 50 cm Länge stricken (siehe Seite 11).

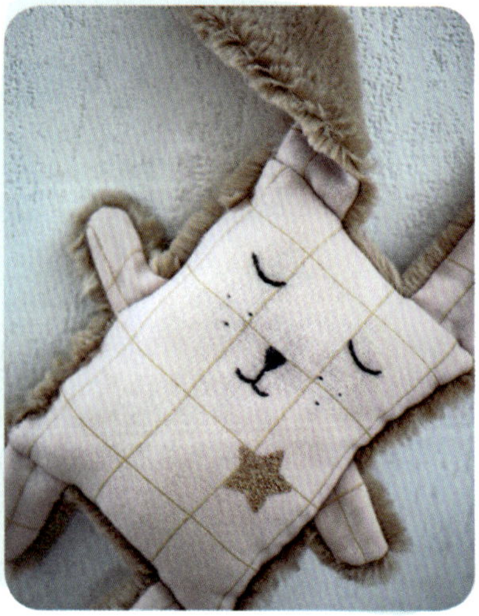

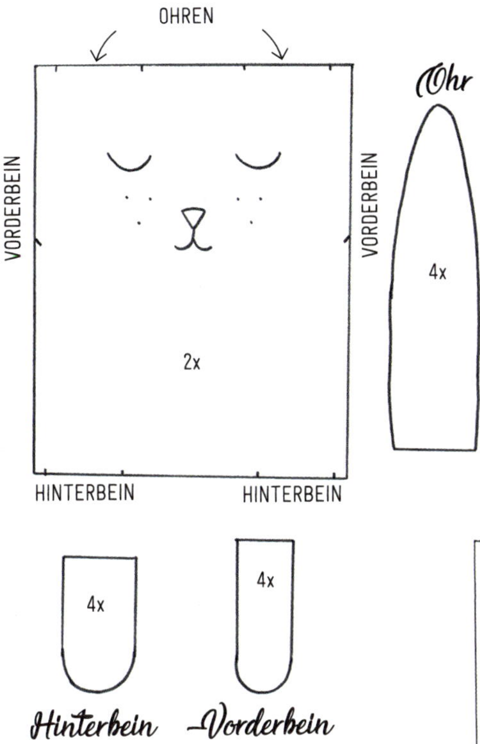

Körper, Ohren und Beine auf **250 %** vergrößern.

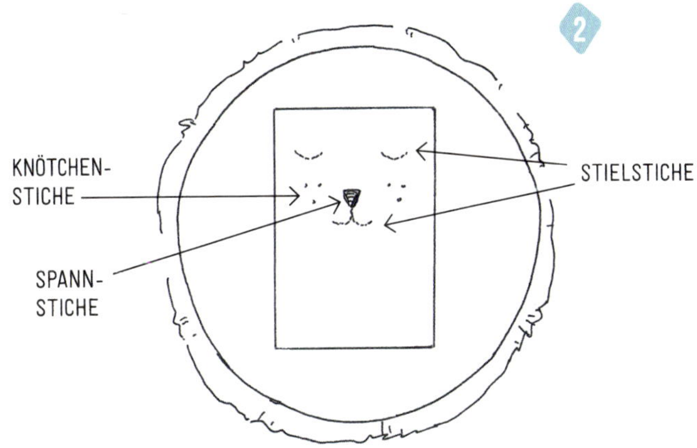

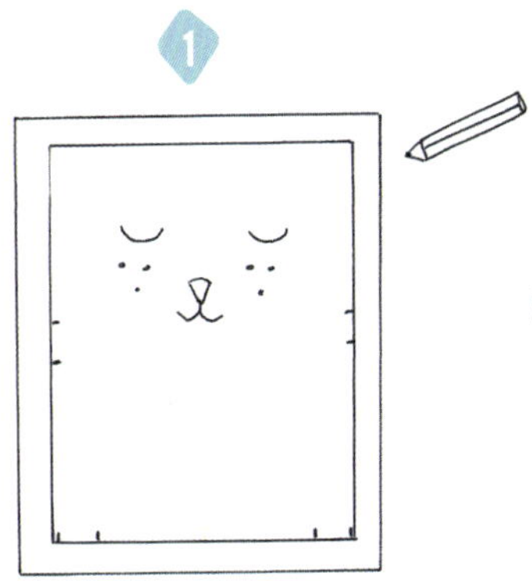

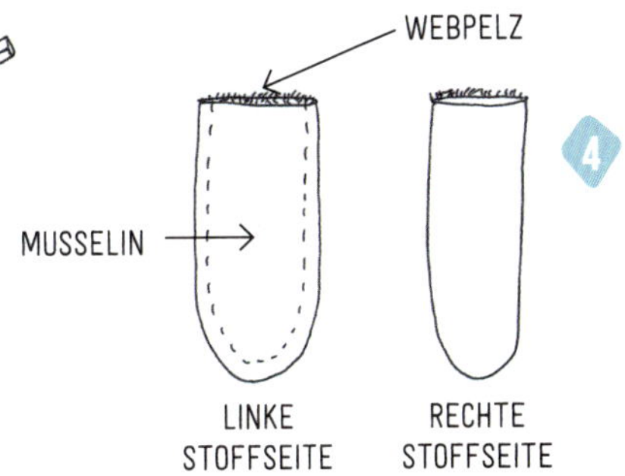

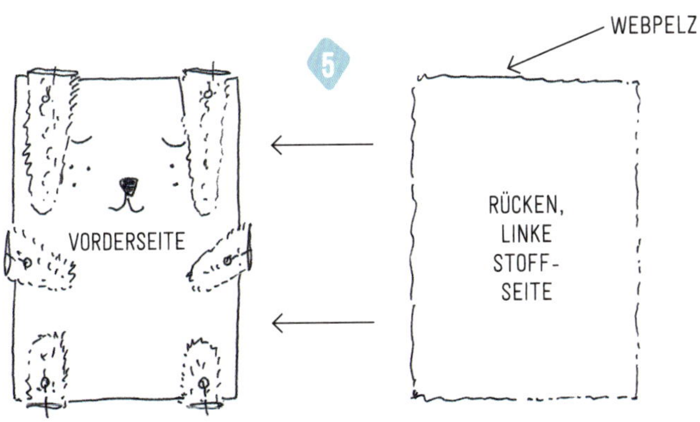

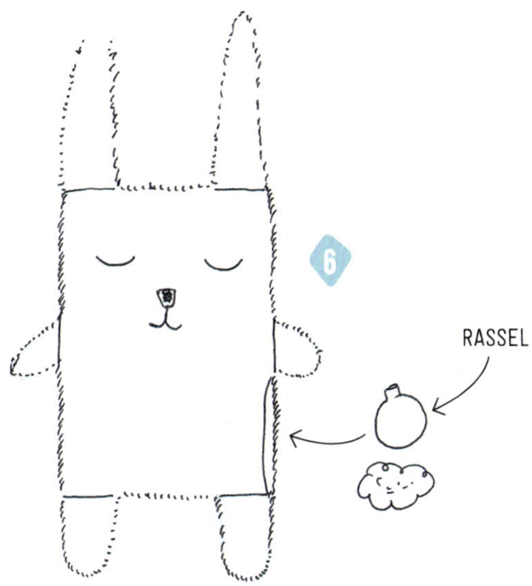

LEVEL

HÖHE
32 CM

WÄRMENDER WOLF

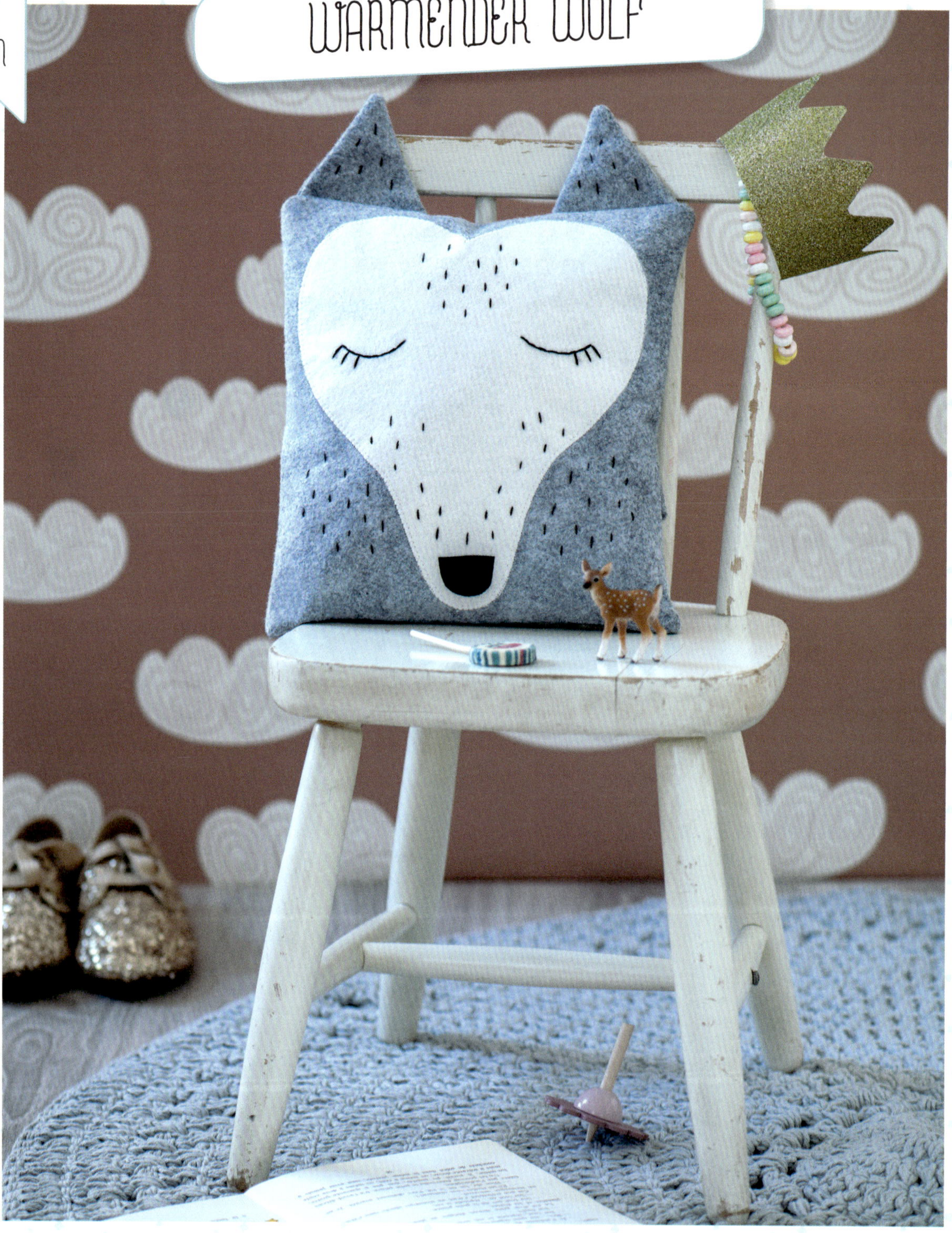

Wärmender Wolf

Material

50 x 90 cm Wollfilz, grau meliert • 20 x 30 cm Wollfilz in Weiß •
22 x 140 cm bedruckter Baumwollstoff • 5 x 5 cm Velours zum Aufbügeln •
500 g Kirschkerne zum Füllen • Wollstickgarn in Schwarz •
Nähgarn in Hellgrau und Ecru • 30 cm Haftvlies

1 Zuschneiden

Ein Quadrat von 28 x 28 cm und 2 Streifen von 19 x 28 cm aus grauem Filz zuschneiden. Die Vorlagen vergrößern und die Ohren aus grauem Filz zuschneiden. Das Gesicht ohne Nahtzugabe aus weißem Filz zuschneiden.

2 Applizieren

Das Gesicht mit Haftvlies in die Mitte des grauen Quadrats bügeln, dann ringsherum festnähen.

3 Sticken

Die Augen mit Durchschreibepapier auf den Filz übertragen. Den Stoff in einen Stickrahmen einspannen. Die Augen 3-fädig sticken, die Haare 2-fädig.

4 Ohren

Auf 2 Ohrenteile mit Spannstichen einige Haare sticken. Jeweils 2 Teile rechts auf rechts zusammennähen, die Unterkante offen lassen. Die Ohren auf rechts wenden.

5 Zusammennähen

Die Ohren auf das bestickte Quadrat stecken. Die beiden Stoffstreifen einander überlappend auflegen, stecken und rundum festnähen. Den Kissenbezug auf rechts wenden.

6 Nase

Die Nase ohne Nahtzugabe aus dem Velours zuschneiden und auf das Wolfsgesicht bügeln.

7 Kirschkernkissen

Aus dem bedruckten Stoff 2 Quadrate von 22 x 22 cm zuschneiden. Rechts auf rechts zusammennähen, dabei eine Öffnung lassen. Auf rechts wenden, mit den Kirschkernen füllen und die Öffnung mit der Nähmaschine zusteppen.

8 Verwendung

Das Kirschkernkissen in einem Mikrowellengerät erwärmen. Dabei ist es wichtig, dass sich das Kissen frei drehen kann. Den Vorgang ständig beobachten. Das Kissen zunächst 1 Minute bei 500 bis 600 Watt erwärmen. Falls die Temperatur nicht ausreicht, nochmals 1 Minute erhitzen, aber keinesfalls länger als 3 Minuten.
Alternativ kann das Kirschkernkissen auf einem Heizkörper oder im Backofen (auf 60 °C) erwärmt werden. Dann muss es von Zeit zu Zeit gewendet werden.

Gesicht und Ohr
ohne Nahtzugabe

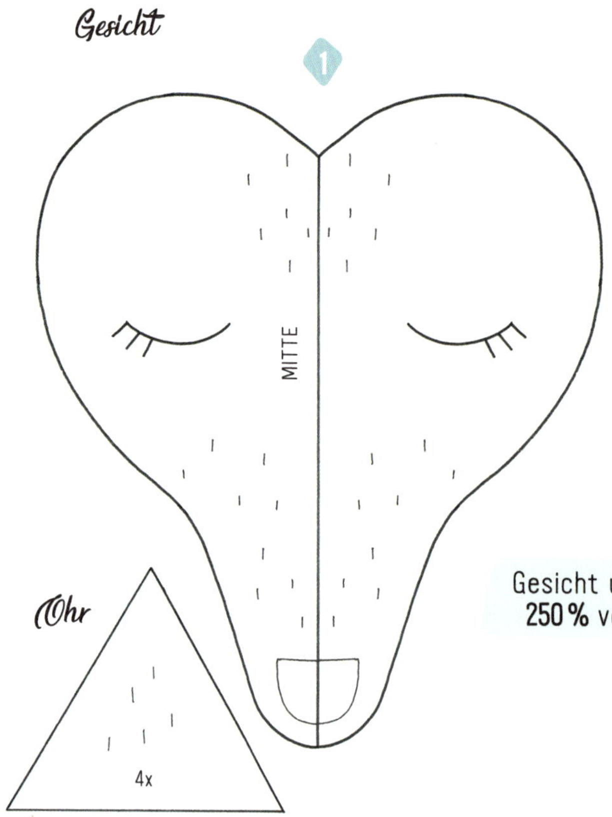

Gesicht und Ohr auf **250 %** vergrößern.

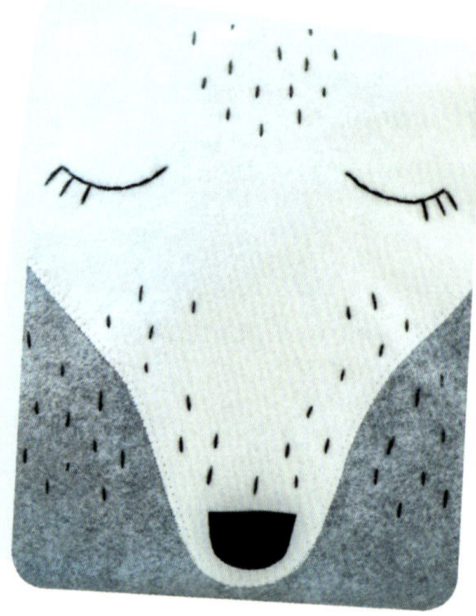

Den Kopf mit Haftvlies mittig auf den Filz bügeln, dann applizieren.

2

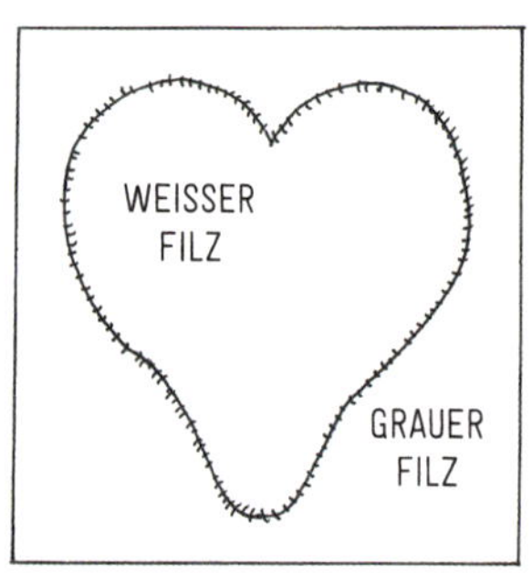

3

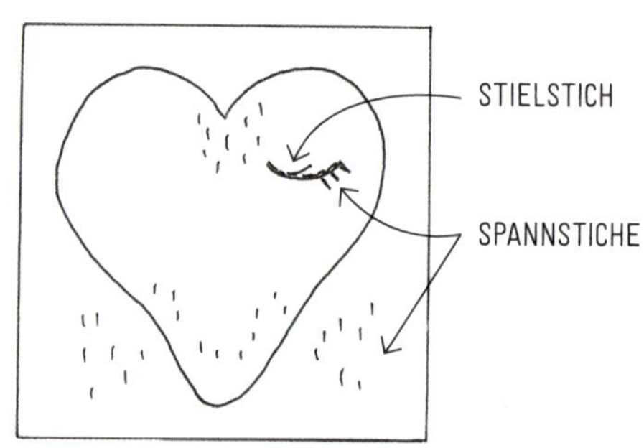

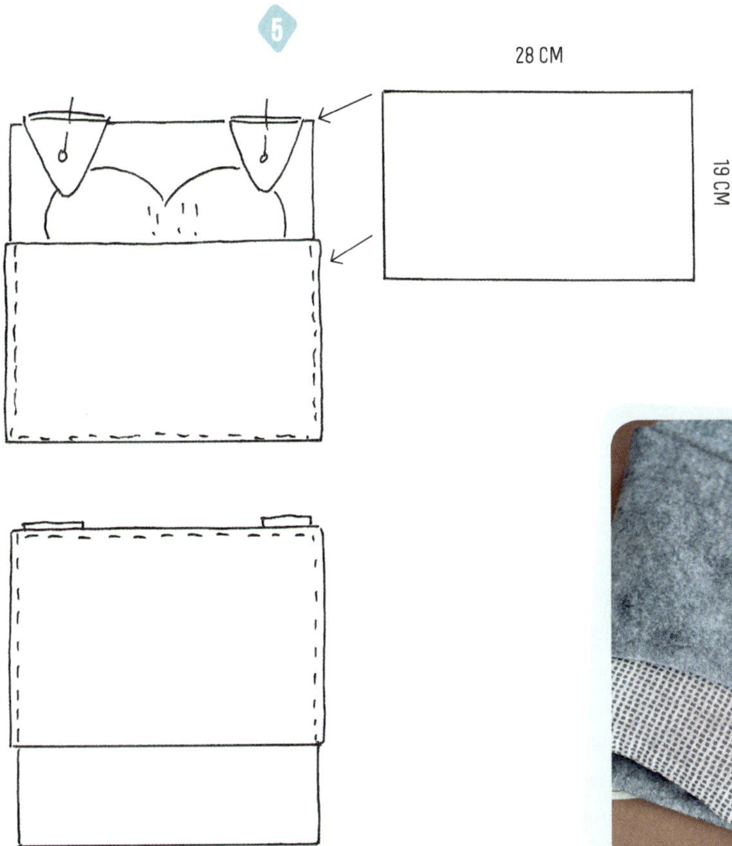

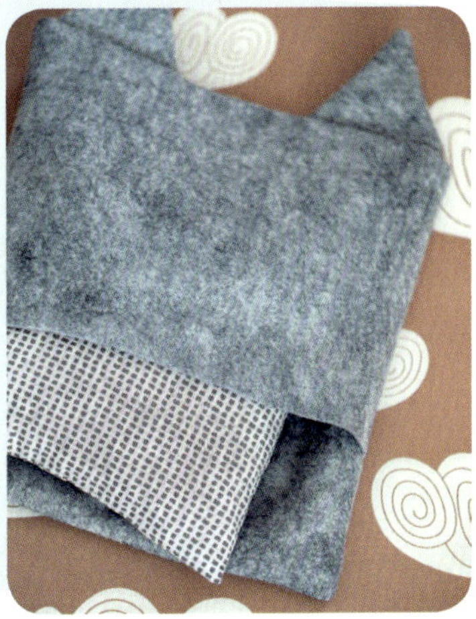

Kissenhülle von hinten

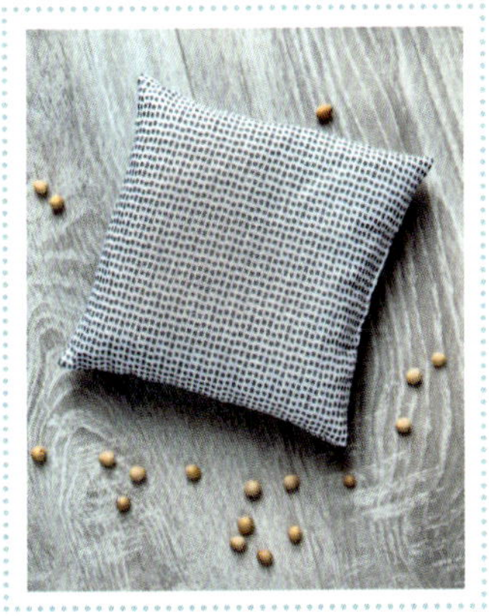

Kirschkernkissen zum Einschieben

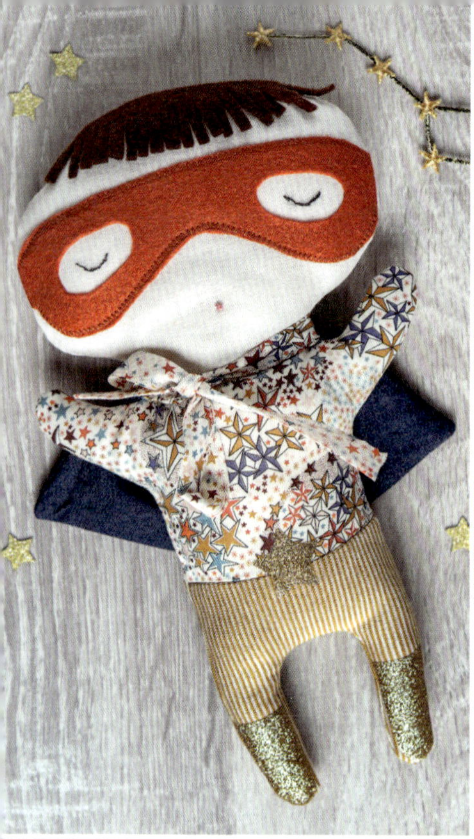
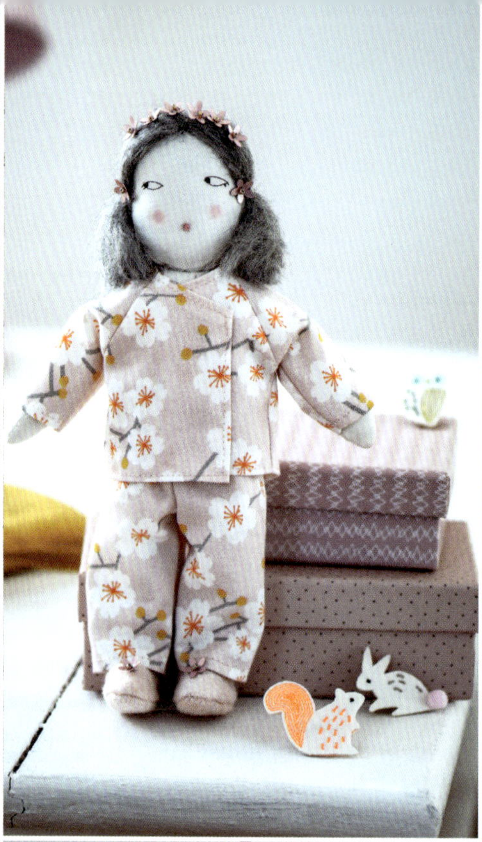
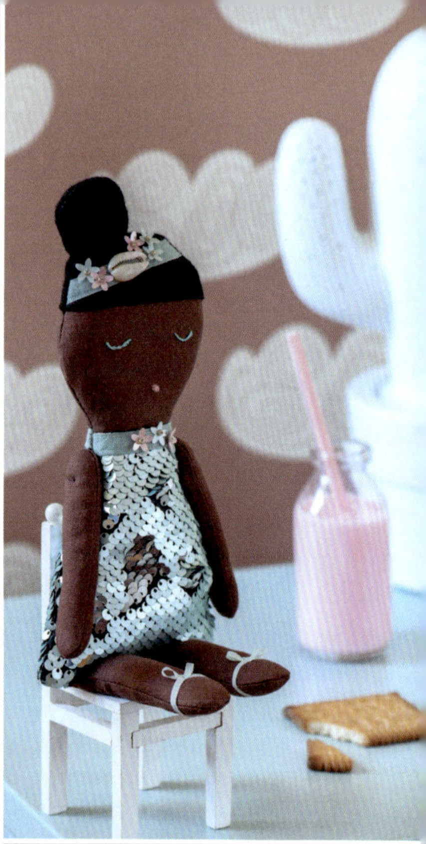
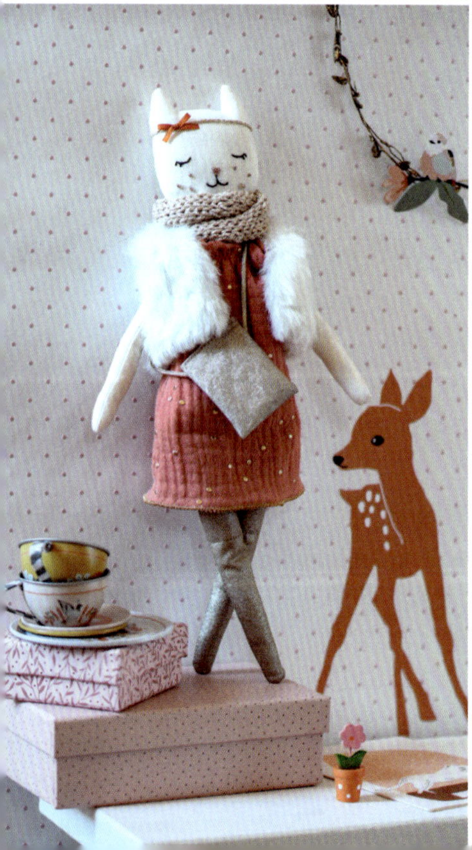
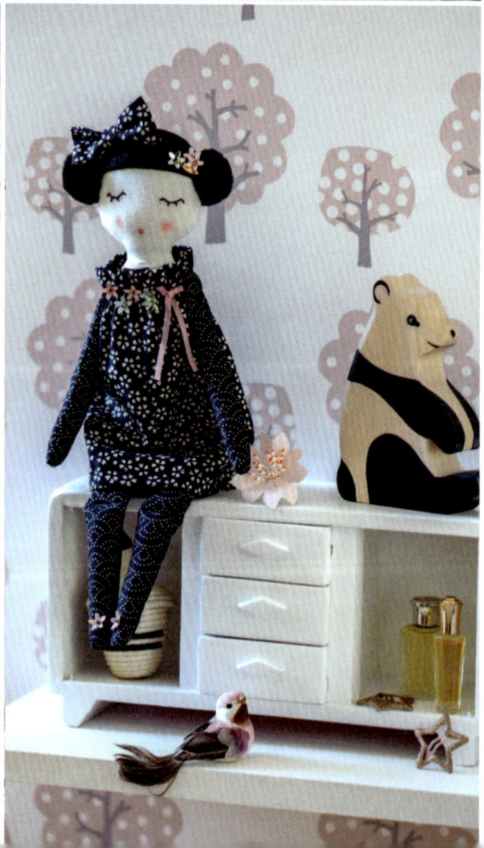
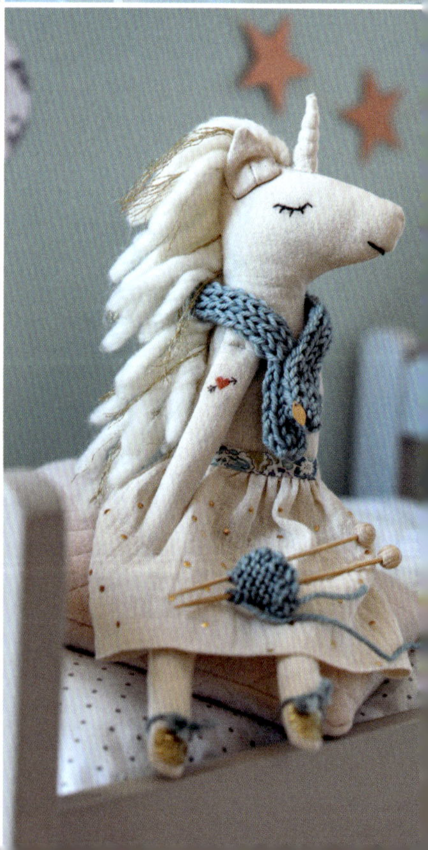

Feine Damen & Superhelden

LEVEL

HÖHE
26 CM

KARL, DER SUPERHELD

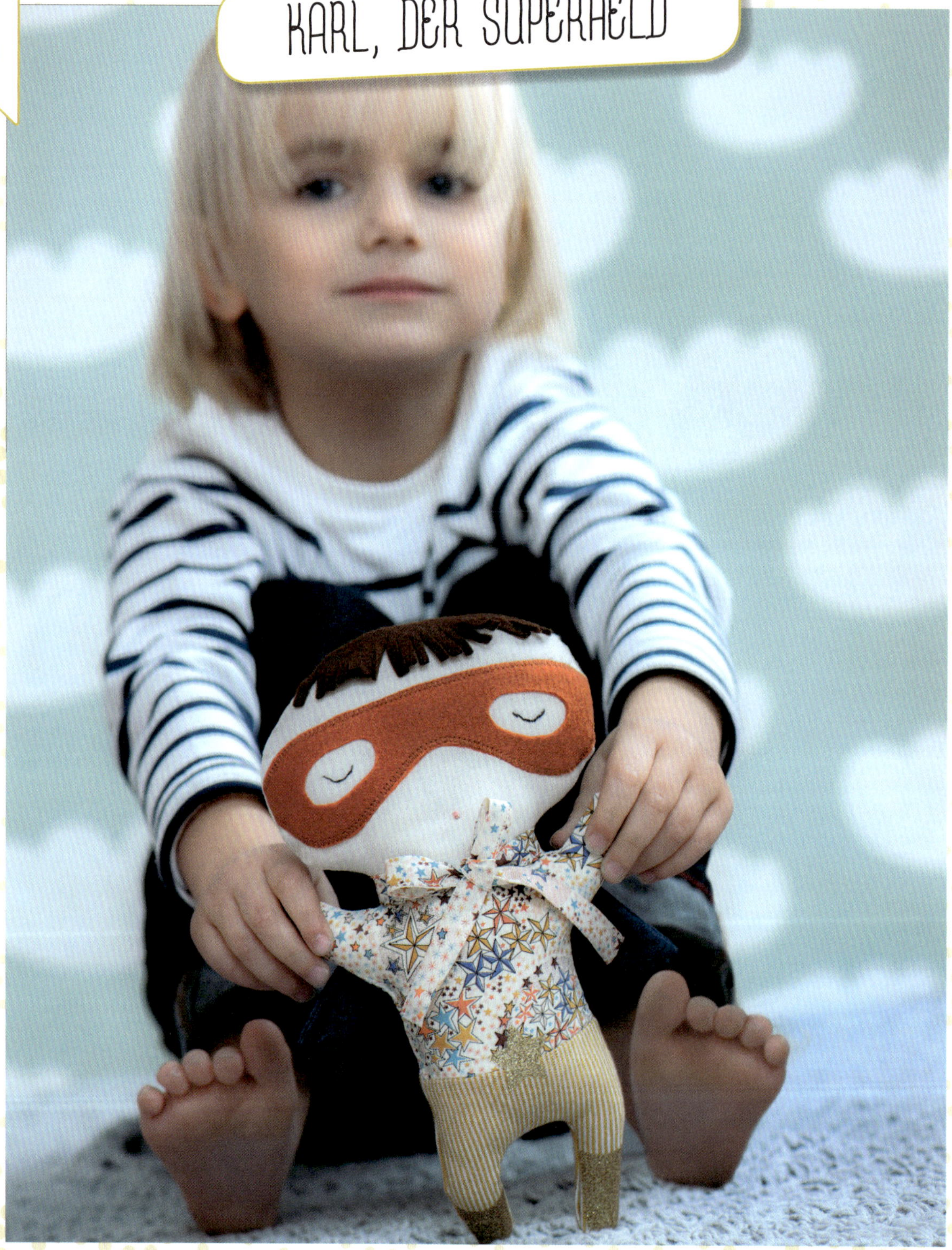

MADAME EINHORN

LEVEL

HÖHE
34 CM

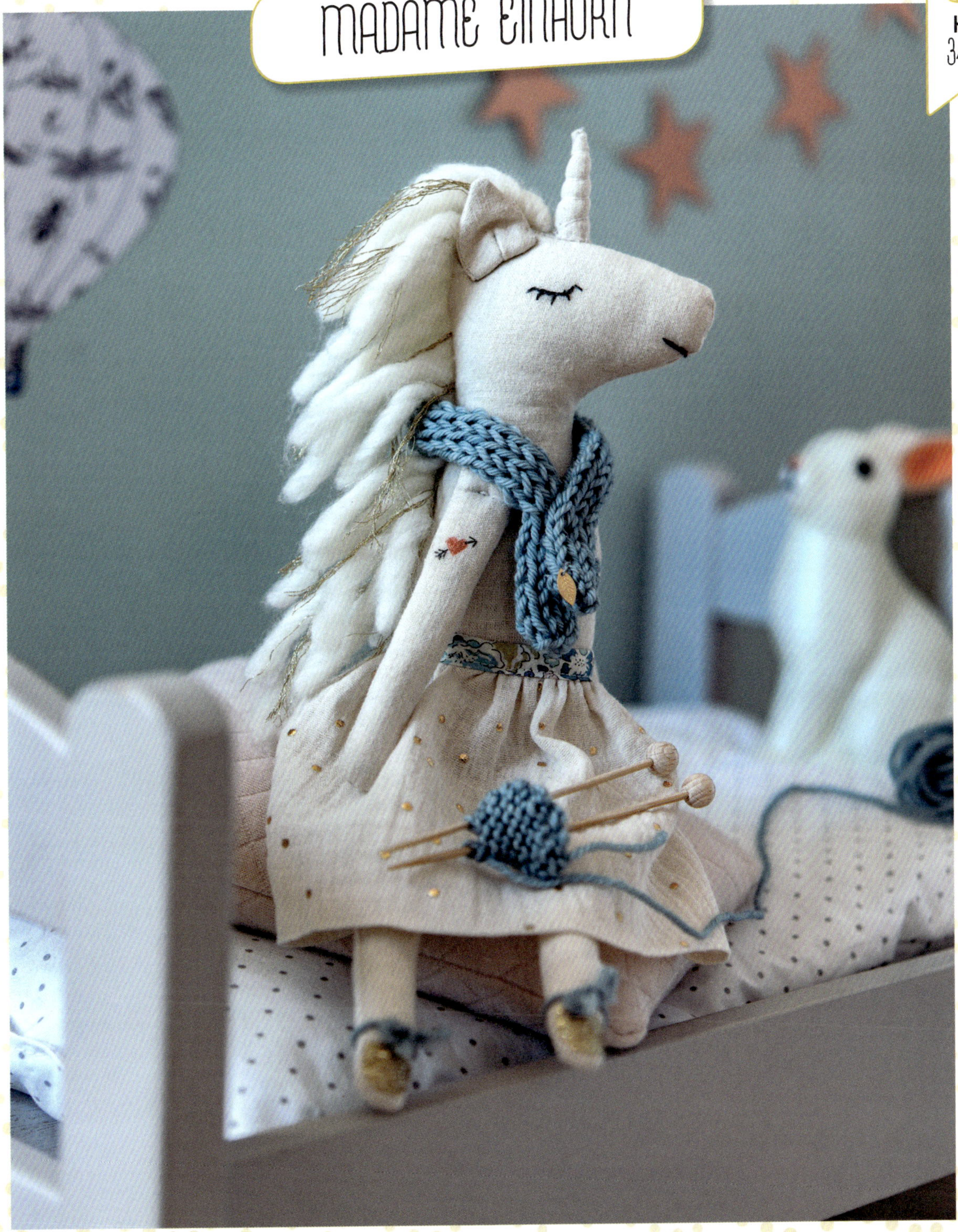

KARL, DER SUPERHELD

MATERIAL

20 x 140 cm Baumwollstoff in Ecru · 15 x 137 cm Blümchenstoff · 1 m Schrägband mit Blümchen · 15 x 34 cm Jersey mit feinen Streifen · 10 x 140 cm weicher Jeansstoff · 1 Stern zum Aufbügeln · Filzreste in Dunkelorange und Braun · 1 Stück Glitzerstoff zum Aufbügeln · Wollstickgarn in Rosa und Schwarz · Nähgarn in Dunkelorange, Indigo und Ecru · Sternmotivlocher · Textilkleber

1 ZUSCHNEIDEN

Alle Teile vergrößern und auf die Stoffe übertragen. Den ganzen Körper 2x aus Stoff in Ecru zuschneiden, das Hemd aus Blümchenstoff, die Hose aus Streifenjersey und die Stiefel aus Glitzerstoff. Den Umhang aus Jeansstoff schneiden. Beim Zuschneiden der Maske aus orangefarbenem Filz nur an den Seiten 1 cm Nahtzugabe vorsehen. Die Haare aus braunem Filz ohne Nahtzugabe zuschneiden.

2 KOPF

Augen und Position der Maske mit Durchschreibepapier auf den Kopf übertragen. Die Maske applizieren. Augen und Mund aufsticken (2-fädig).

3 HEMD

Die Vorderteile von Hemd und Kopf am Hals zusammennähen. Mit den Rückenteilen wiederholen.

4 HOSE

Die Vorderteile von Hemd und Hose in der Taille zusammennähen. Mit den Rückenteilen wiederholen. Die Stiefel aus Glitzerfolie aufbügeln.

5 ZUSAMMENNÄHEN

Vorder- und Rückseite der Figur rechts auf rechts legen und so stecken, dass die Nähte zwischen den verschiedenen Stoffen jeweils genau aufeinanderliegen. Ringsherum zusammennähen, dabei eine Öffnung lassen.

6 AUSSTOPFEN

Die Figur auf rechts wenden und ausstopfen. Die Öffnung mit der Hand zunähen.

7 HAARE

Die Haare fransig schneiden und auf den Kopf kleben.

8 FERTIGSTELLUNG

Aus Glitzerstoff ein »S« zuschneiden und auf den Umhang bügeln. Den kleinen Glitzerstern danebenkleben.

9 UMHANG

Den Umhang rechts auf rechts zusammennähen, oben offen lassen. Wenden. Die Öffnung mit Schrägband einfassen.

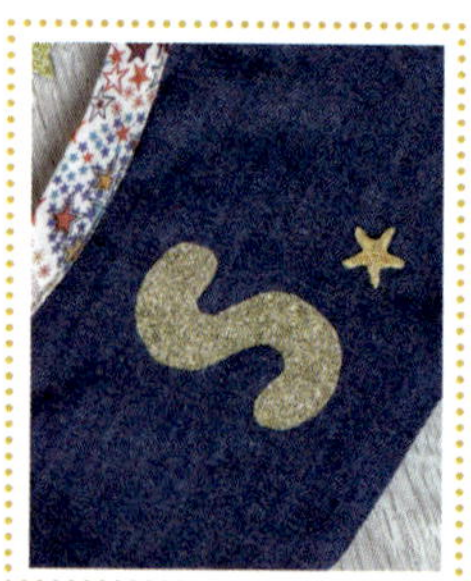

Der Buchstabe und der Stern aus Glitzerstoff werden aufgebügelt.

Alle Teile auf
200 % vergrößern.

1

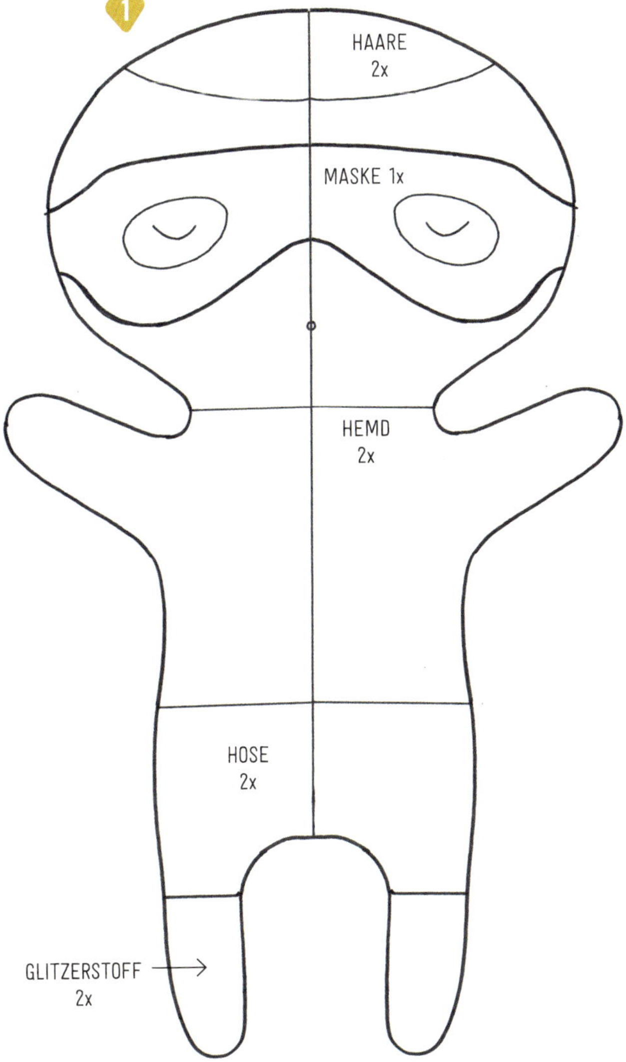

Alle Teile mit 1 cm Nahtzugabe zuschneiden.

Umhang

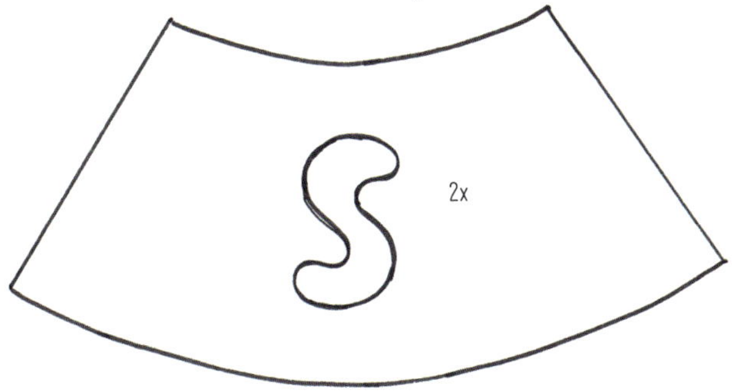

2

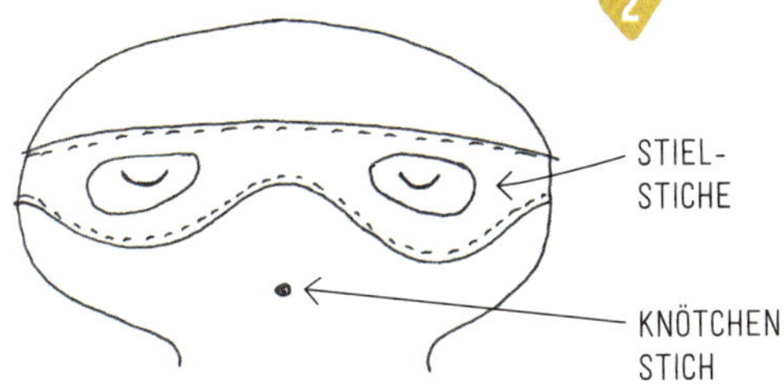

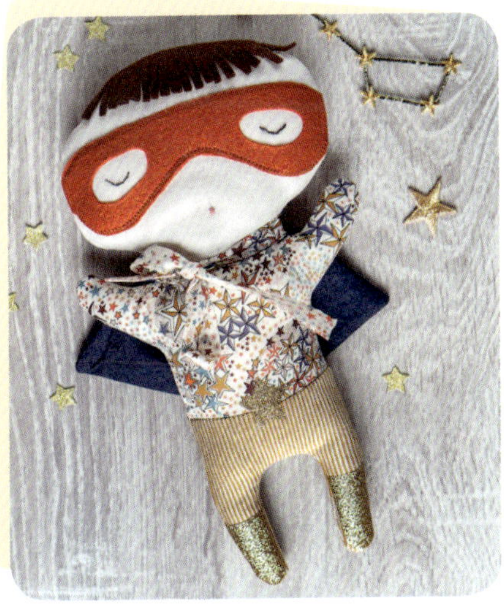

3

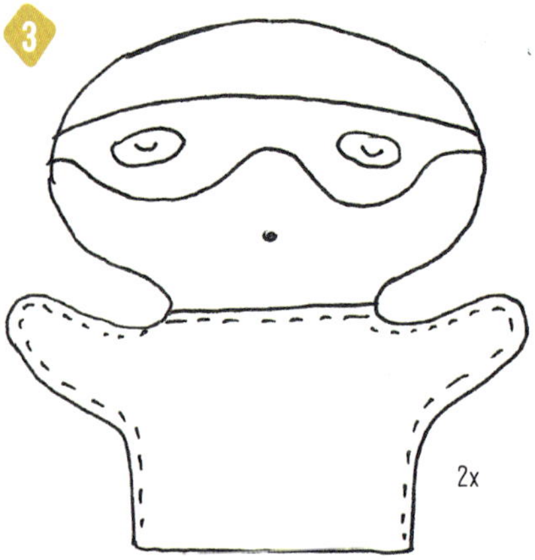
2x
VORDERSEITE UND
RÜCKSEITE

4

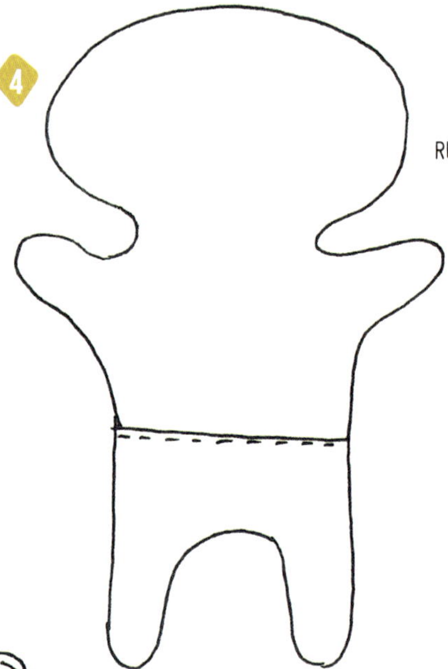
RÜCKSEITE

5

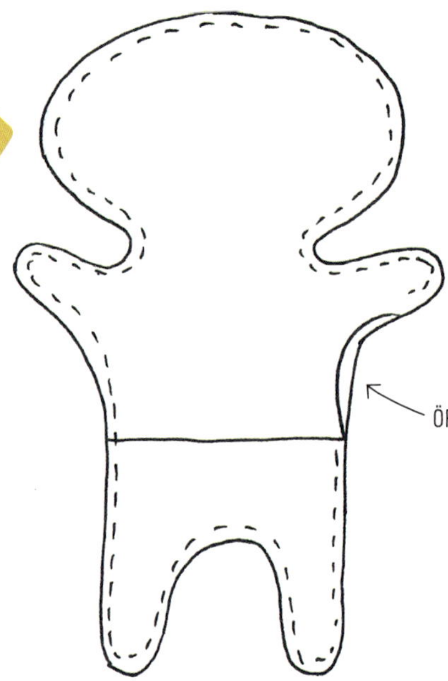
ÖFFNUNG

7

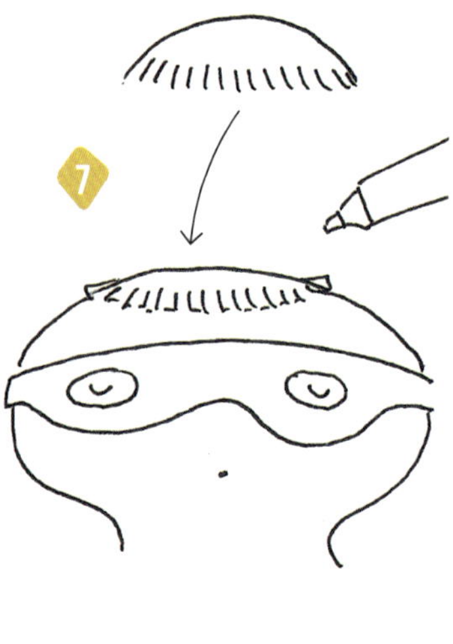

9

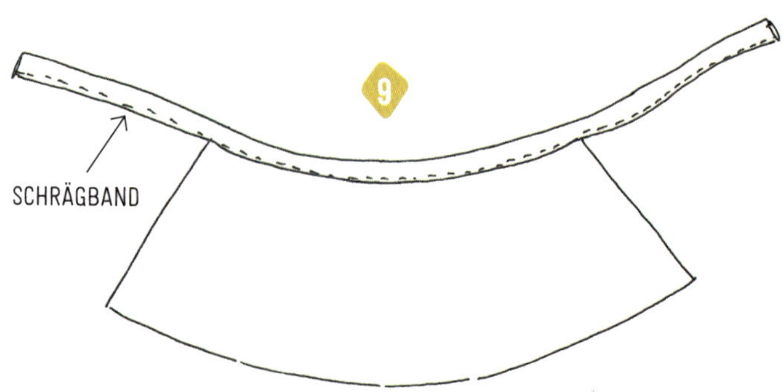
SCHRÄGBAND

MADAME EINHORN

MATERIAL

20 x 140 cm Baumwollstoff in Ecru ·
12 x 135 cm Musselin in Hellgelb mit Goldpunkten · Handarbeitswolle in Blau ·
Wollstickgarn in Anthrazit · Nähgarn in Ecru · Stickgarn in Gold ·
extradicke Strickwolle in Ecru · Blattanhänger ·
50 cm Schrägband mit Blümchen · 1 Bogen Glitzerfolie zum Aufbügeln ·
1 Paar Stricknadeln Nr. 4 · Stofffilzstifte in Rot und Schwarz · Textilkleber

1 ÜBERTRAGEN

Die Vorlagen vergrößern und auf den ecrufarbenen Stoff übertragen.

2 STICKEN

Den Stoff in einen Stickrahmen einspannen. Augen und Mund sticken (2-fädig). Aus dem Stickrahmen lösen und den Körper zuschneiden.

3 OHREN

Die Ohren zuschneiden und paarweise zusammennähen, aber unten offen lassen. Auf rechts wenden. Eine Falte einlegen, dann nach unten weisend an den Kopf nähen.

4 MÄHNE

Aus XL-Wolle und Goldgarn je 26 Fäden von 7 cm Länge zuschneiden. An der Kante eines Körpers festkleben.

5 BEINE

Die Beine zuschneiden und zusammennähen, oben offen lassen. Auf rechts wenden. Die Glitzerfolie vorn auf die Füße bügeln, dann die Beine ausstopfen.

6 ZUSAMMENNÄHEN

Vorder- und Rückseite des Körpers rechts auf rechts zusammennähen, dabei die Mähne mitfassen. In der unteren Mitte eine Öffnung lassen.

7 AUSSTOPFEN

Den Körper auf rechts wenden. Die Beine feststecken und den Körper füllen. Die Öffnung mit der Hand zunähen.

8 ARME

Die Arme zuschneiden, je zwei 2 auf rechts zusammennähen, dabei eine Öffnung lassen. Wenden, ausstopfen und die Öffnung mit der Hand zunähen. An den Körper nähen (siehe S. 84). Das Herz-mit-Pfeil-Tattoo aufmalen und durch Bügeln fixieren.

9 HORN

Das Horn mit 5 mm Nahtzugabe zuschneiden und die Längsseiten zusammennähen. Auf rechts wenden und locker ausstopfen.

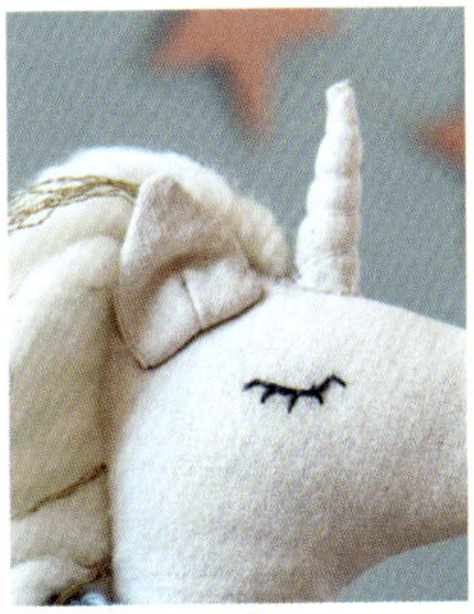

Das Horn mit einem Faden in Ecru spiralförmig umwickeln und festnähen.

10 FERTIGSTELLUNG

Die Ohren hochklappen und knappkantig absteppen. Wollfäden um die Fußknöchel binden und mit Nähgarn mit einigen kleinen Stichen fixieren.

11 ROCK

Aus Musselin einen Streifen von 12 x 36 cm zuschneiden und säumen, bis auf eine lange Kante. Die ungesäumte Kante auf 16 cm einkräuseln und so mit dem Schrägband einfassen, dass es an beiden Seiten 17 cm übersteht.

12 SCHAL

7 Maschen anschlagen und 26 cm glatt rechts stricken. Um den Hals der Figur legen, an der Kreuzungsstelle zusammennähen, dann den Anhänger aufnähen.

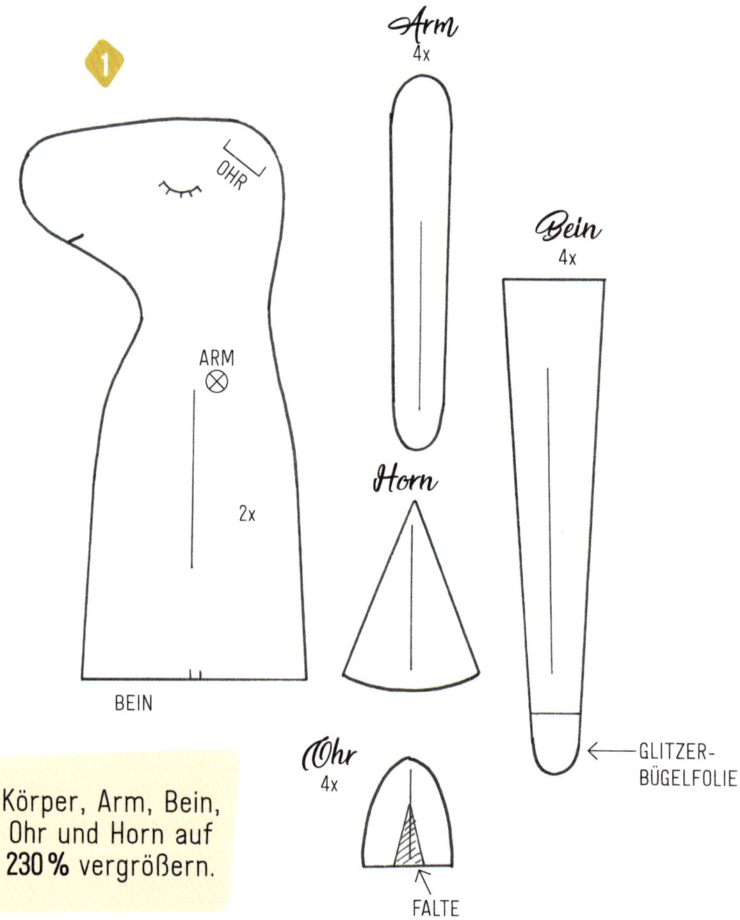

Körper, Arm, Bein, Ohr und Horn auf **230 %** vergrößern.

Die senkrechten Linien in den Schnittteilen markieren den Fadenlauf.

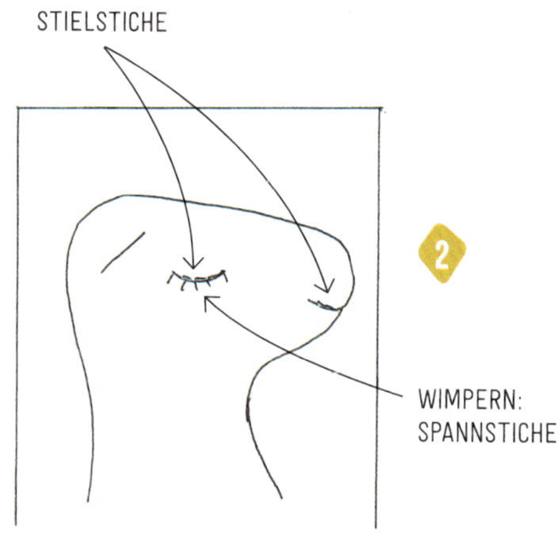

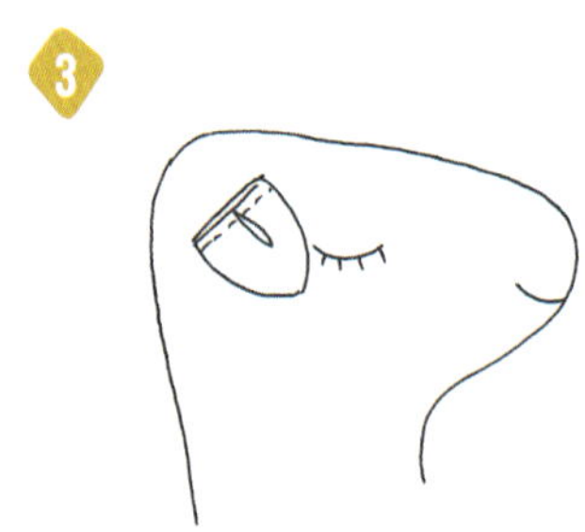

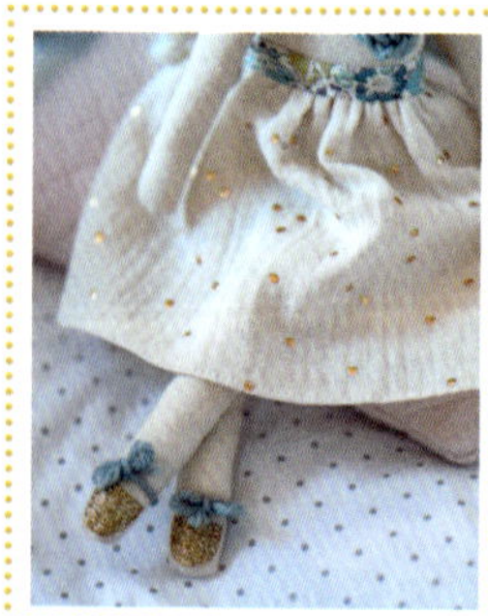

Die Glitzerfolie wird nur auf die Vorderseiten der Füße gebügelt.

4

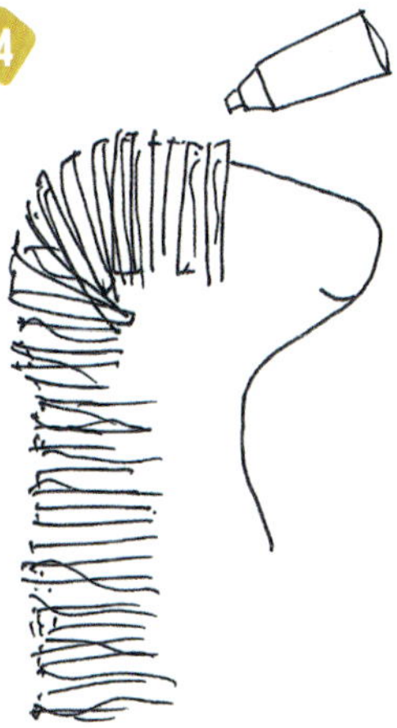

6

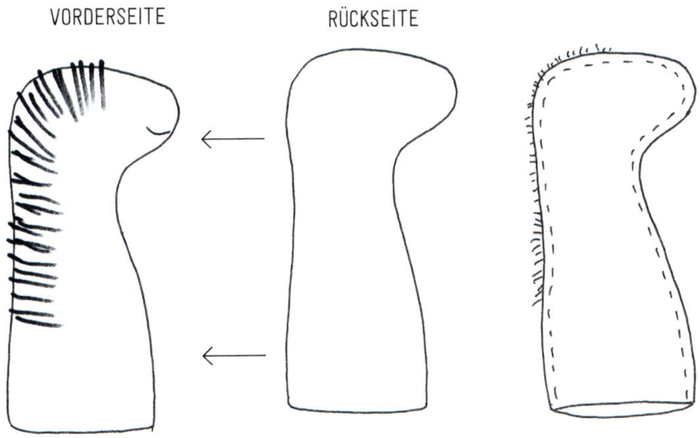

7

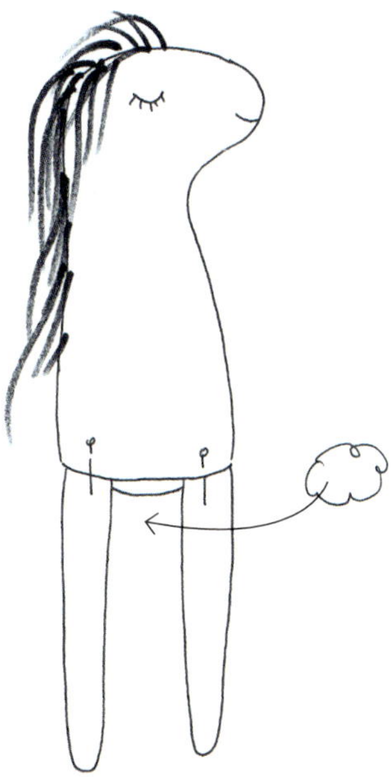

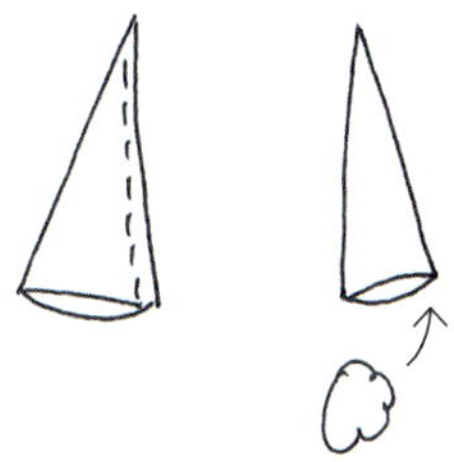

9

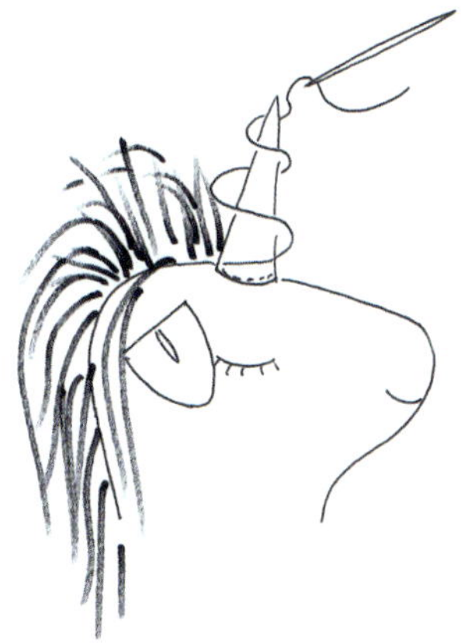

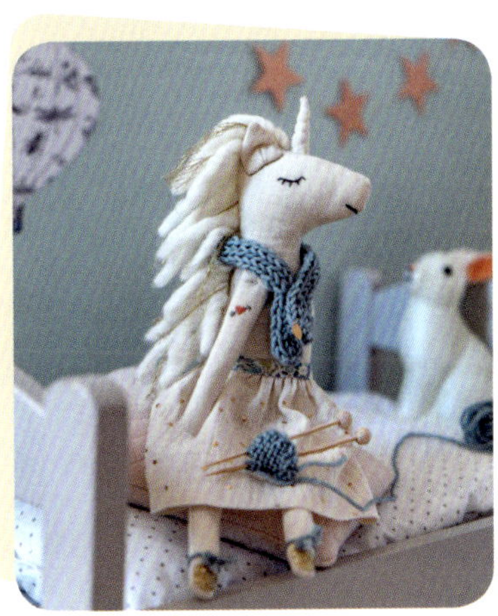

LEVEL

HÖHE
30 CM

JALA AUS AFRIKA

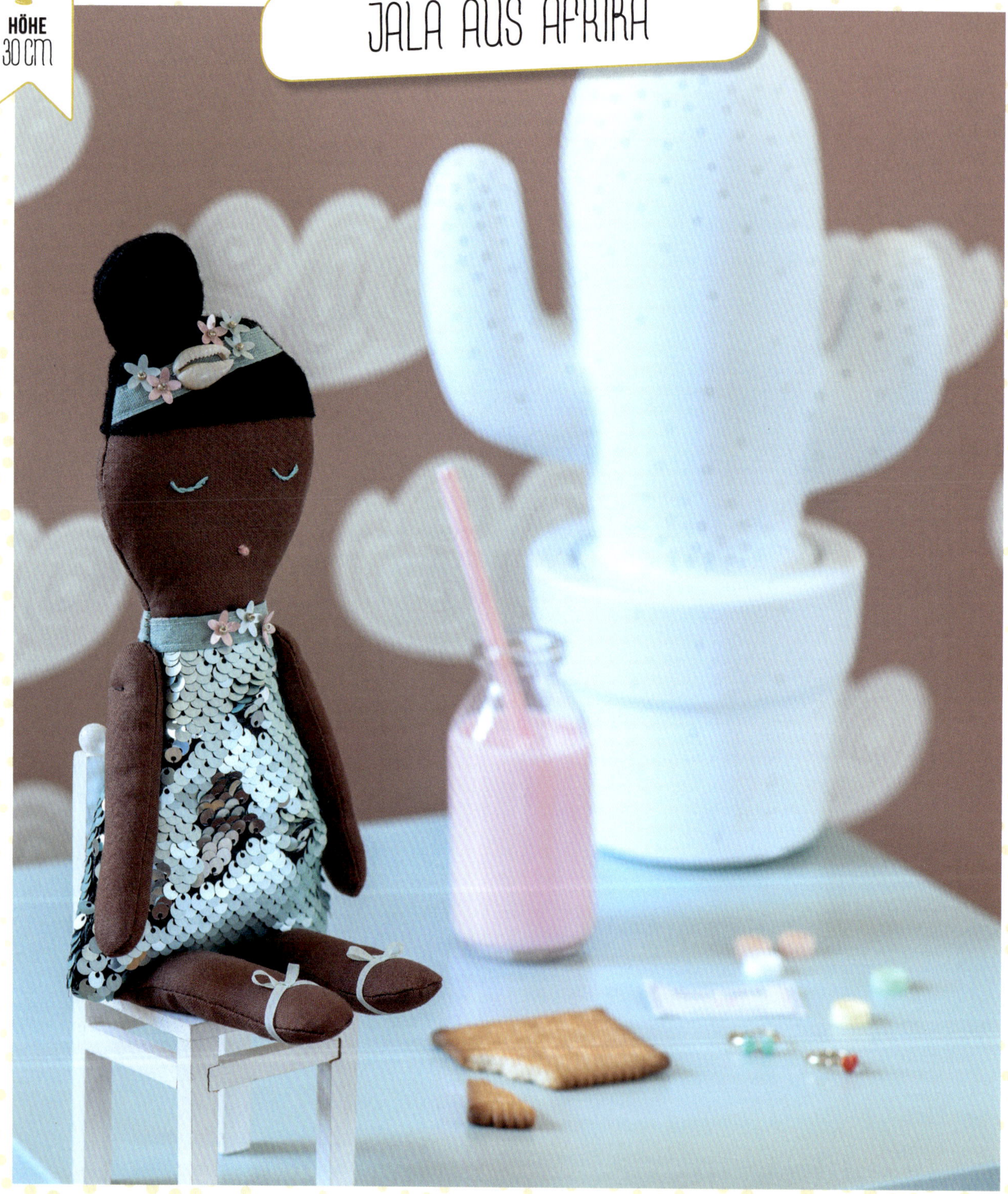

ELEGANTE KATZE

LEVEL

HÖHE 33 CM

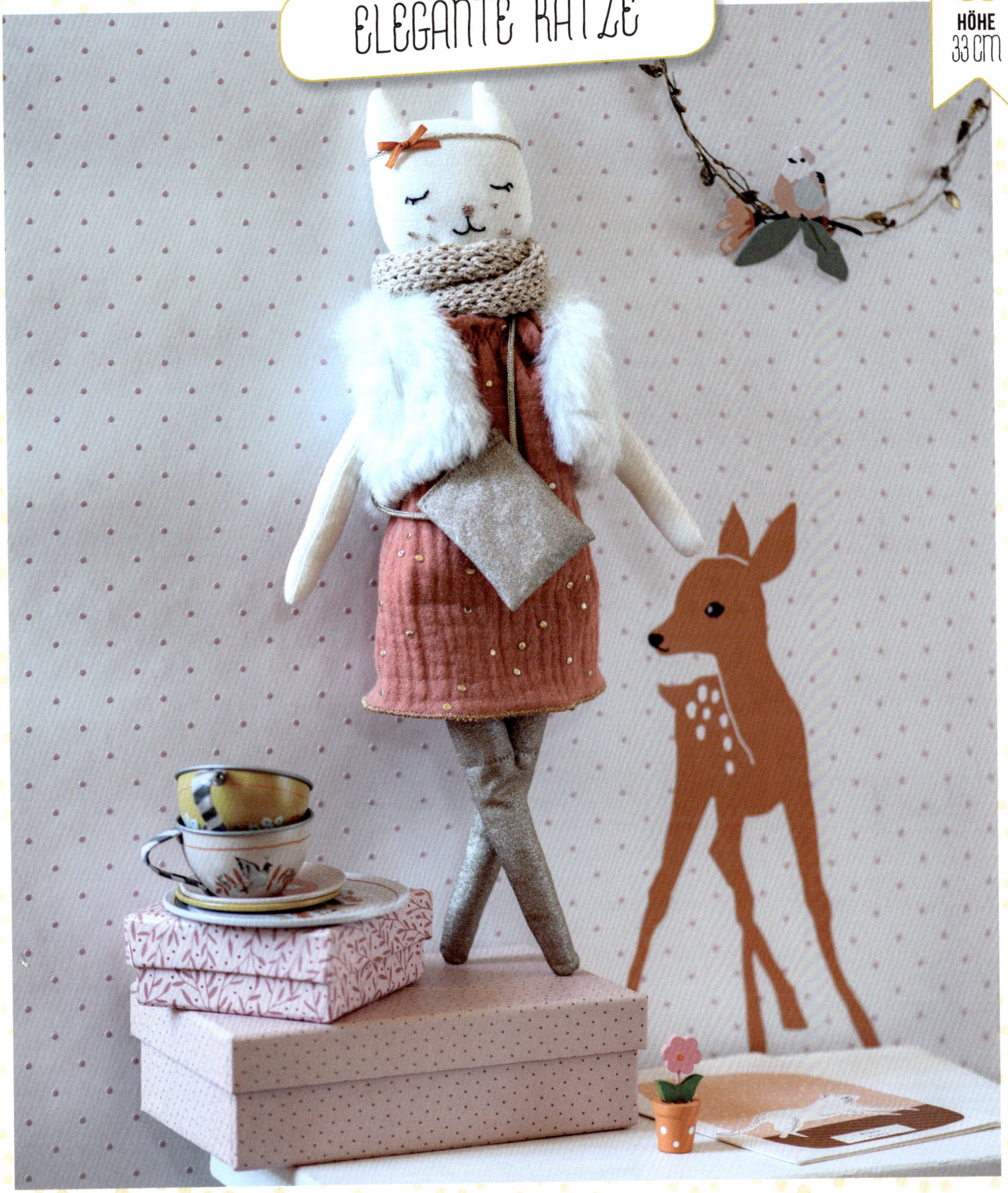

JALA AUS AFRIKA

MATERIAL

15 x 145 cm Baumwollstoff in Braun • Coupon oder kleines Stück Stoff mit Wendepailletten • 10 cm Filz in Schwarz • Blümchenpailletten • Saatperlen/Rocailles in Gold • 1 kleine Kaurischnecke • Wollstickgarn in Rosa und Hellblau • 22 cm Baumwollband in Aqua, 10 mm breit • Satinband in Aqua, 3 mm breit • Nähgarn in Braun, Aqua und Schwarz

1 KOPF

Die Vorlagen vergrößern und mit Durchschreibepapier auf den Stoff übertragen. In einen Stickrahmen einspannen. Die Augen in Hellblau und den Mund in Rosa sticken (2-fädig).

2 ZUSCHNEIDEN

Kopf/Körper, Arme und Beine der Puppe aus braunem Stoff zuschneiden.

3 KLEID

Das Kleid aus Paillettenstoff zuschneiden und auf den Körper (Vorder- und Rückseite) nähen. Am Halsausschnitt das breitere Baumwollband auf den Paillettenstoff nähen.

4 HAARE

Die Haare aus Filz zuschneiden, dabei nur an der Rundung 1 cm Nahtzugabe vorsehen. Schräg auf die Vorderseite breites Baumwollband nähen. Die Duttteile spiegelverkehrt zuschneiden und rechts auf rechts zusammennähen, dabei unten eine Öffnung lassen. Auf rechts wenden und lose ausstopfen.

5 ARME UND BEINE

Je 2 Beine rechts auf rechts zusammennähen, dabei die gerade Schmalseite offen lassen. Auf rechts wenden und ausstopfen. Die Arme zusammennähen, dabei eine Öffnung lassen. Lose ausstopfen und die Öffnungen mit der Hand zunähen.

6 ZUSAMMENNÄHEN

Die Beine auf die rechte Stoffseite der Vorderseite stecken. Die Körperrückseite rechts auf rechts auflegen, stecken und rundum nähen, die Beine mitfassen. An der Körperseite eine Öffnung lassen.

7 AUSSTOPFEN

Die Puppe auf rechts wenden, ausstopfen und die Öffnung mit der Hand zunähen.

8 ARME

Einen doppelten Faden Nähgarn in eine lange Nadel einfädeln und die Arme festnähen. Dabei mehrmals quer durch den Körper stechen.

9 FERTIGSTELLUNG

Den Dutt an den Kopf nähen. Auf dem Haarband die Blümchenpailletten und die Kaurischnecke festnähen. Auch auf dem Kragen einige Blümchenpailletten befestigen. Aus dem schmales Satinband 2 Schleifchen binden. Um die Füße binden und auf der Rückseite mit ein paar Stichen fixieren.

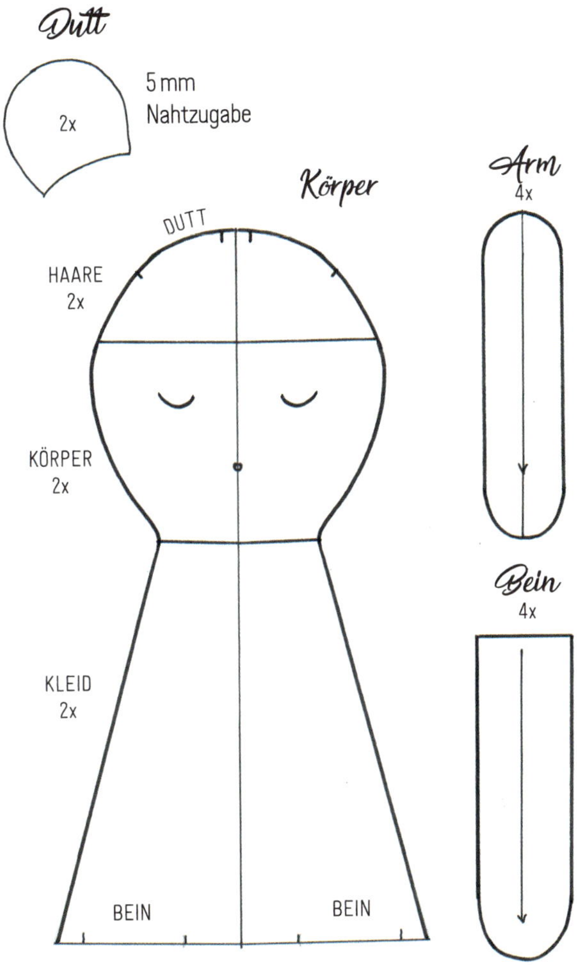

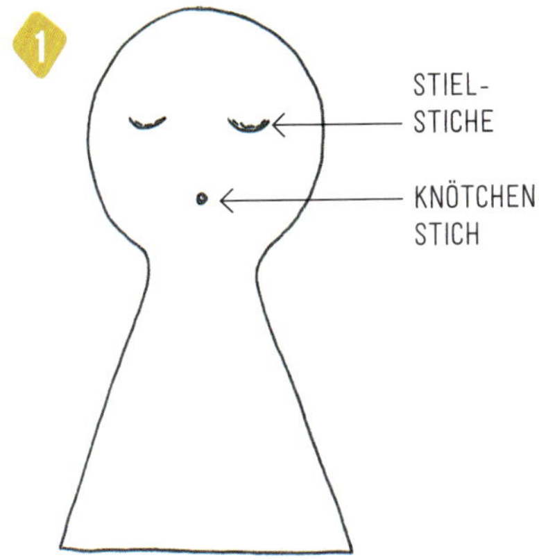

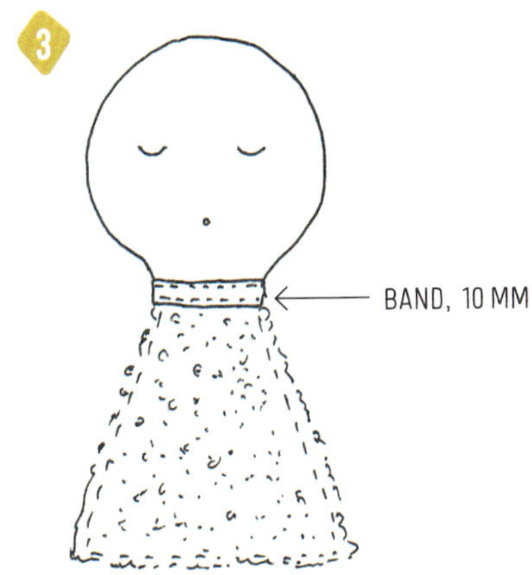

Körper, Arm, Bein und Knoten auf **200 %** vergrößern.

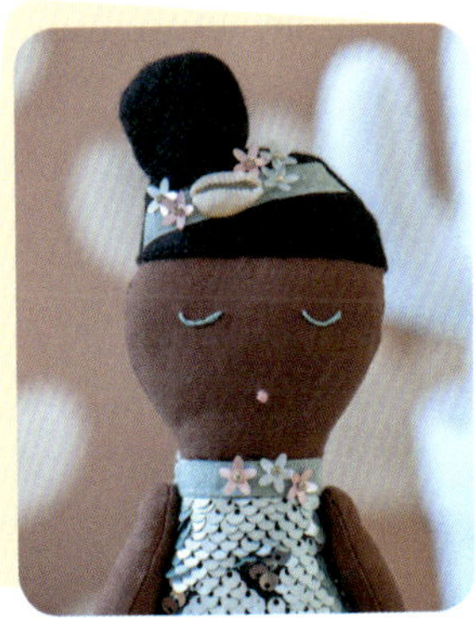

Haarband und Kragen werden mit Blümchenpailletten verziert.

4

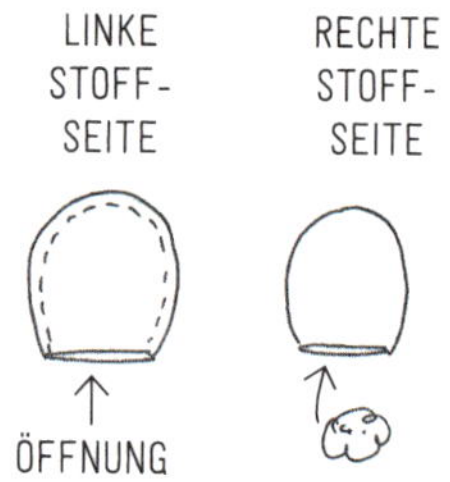

LINKE STOFF-SEITE
RECHTE STOFF-SEITE
ÖFFNUNG

5

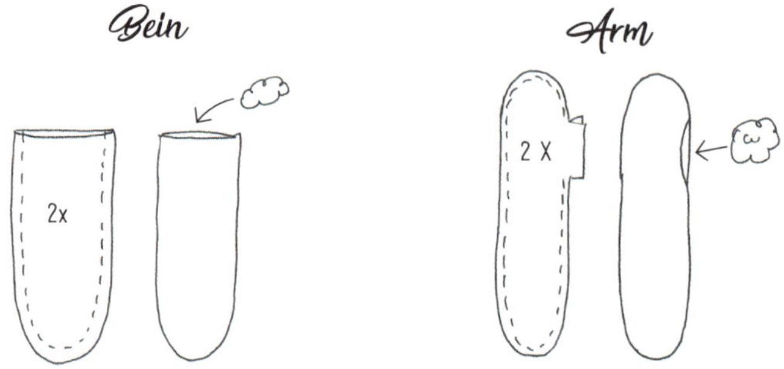

Bein
2x
Arm
2 X

6

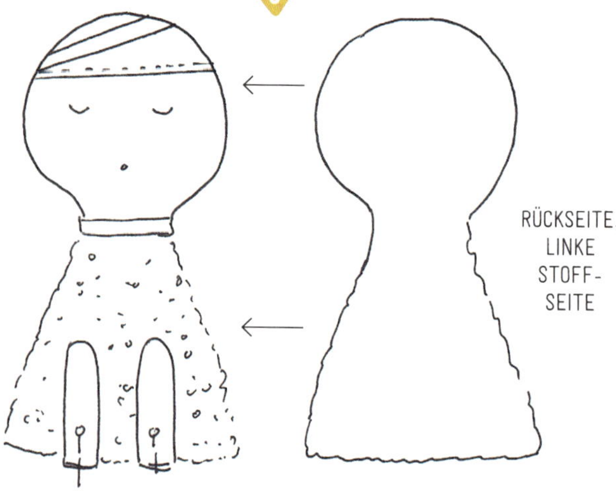

RÜCKSEITE, LINKE STOFF-SEITE

8

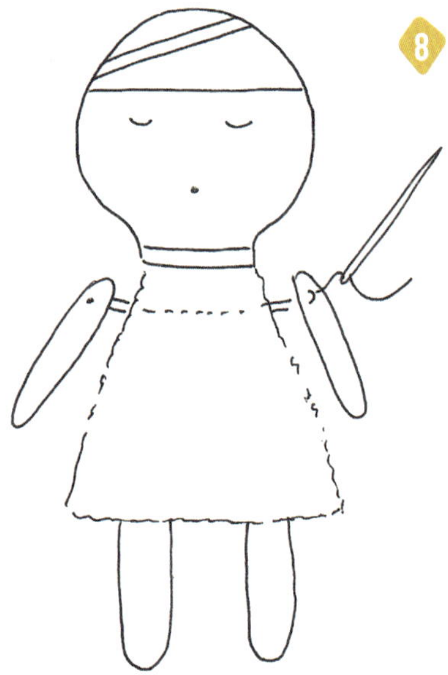

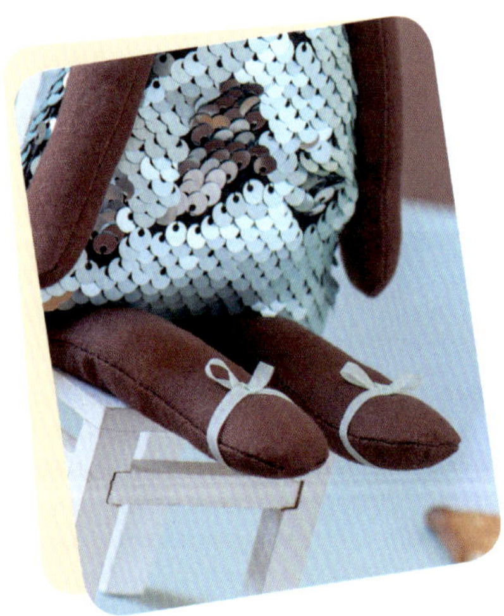

9

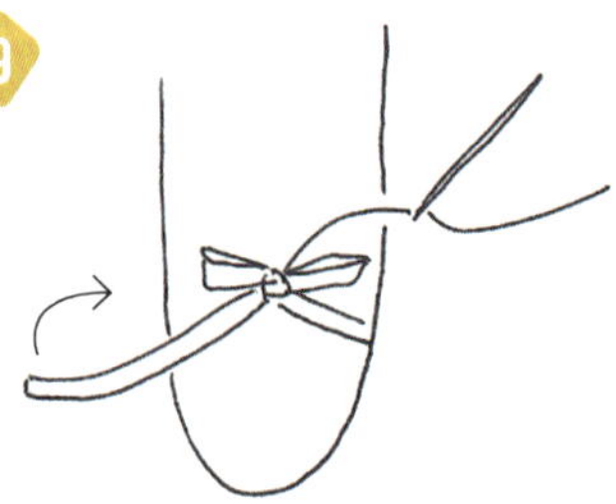

Elegante Katze

Material

20 x 135 cm Baumwollmusselin in Hellrot mit Goldpunkten •
25 x 140 cm Baumwollstoff in Ecru • 10 x 140 cm Webpelz in Weiß •
Coupon oder Rest weichen Goldstoff • dünne Goldkordel • Wollstickgarn in Schwarz •
Metallicstickgarn in Rosa • Baumwollstrickgarn mit Lurex •
Band in Hellrot, 3 mm breit • 16 cm Gummiband, 5 mm breit •
Nähgarn in Ecru, Beige und Hellrot • 1 Paar Stricknadeln Nr. 4

1 Übertragen

Die Vorlagen vergrößern und mit Durchschreibepapier auf den ecrufarbenen Stoff übertragen.

2 Sticken

Den Stoff in den Stickrahmen einspannen. Augen und Mund in Schwarz (2-fädig) sticken, Nase und Schnurrhaare in Rosa. Aus dem Stickrahmen lösen und den Körper zuschneiden.

3 Beine

Aus Goldstoff zuschneiden und rechts auf rechts zusammennähen. Oben offen lassen. Wenden und ausstopfen.

4 Zusammennähen

Vorder- und Rückseite des Körpers zusammenstecken und ringsherum nähen, aber die Unterkante offen lassen.

5 Ausstopfen

Die Katze auf rechts wenden und den Körper ausstopfen. Die Beine feststecken. Die Öffnung mit der Hand zunähen.

6 Kleid

19 x 30 cm Punktestoff zuschneiden. Eine Längskante nach links umschlagen und festnähen, dabei das gedehnte Gummiband aufsteppen. Die untere Hälfte der Schmalseiten rechts auf rechts zusammennähen, die Unterkante säumen. Das Kleid auf rechts wenden und die Saumkante mit Lurexgarn im feinen Knopflochstich umsticken. Das Kleid über den Körper der Katze ziehen.

7 Arme

Die Arme zuschneiden, nähen, füllen und am Körper befestigen (siehe Seite 84, Schritt 8).

8 Weste

Die Teile aus Webpelz zuschneiden und links auf links zusammennähen. Ringsherum säumen.

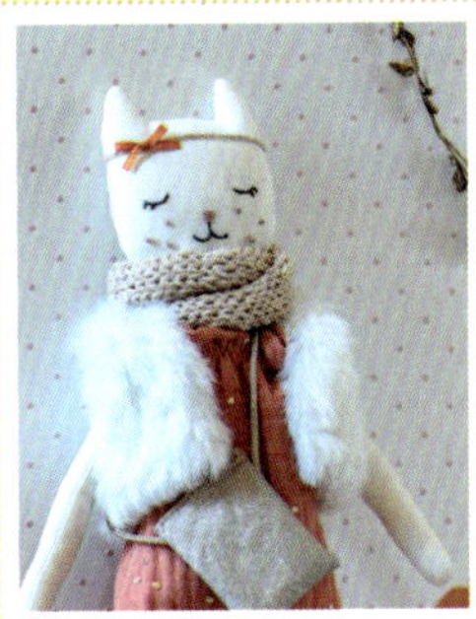

9 FERTIGSTELLUNG

Für die Tasche 5 x 10 cm Goldstoff zuschneiden. Beide Schmalseiten säumen. Rechts auf rechts zur Hälfte falten, die Kordel zwischen die Stofflagen schieben und die beiden ungesäumten Kanten zusammennähen. Auf rechts wenden. Für das Stirnband ein Stück Goldkordel um den Kopf knoten und ein rotes Schleifchen daran festnähen.

10 SCHAL

Mit dem Lurexgarn 7 Maschen anschlagen und 30 cm glatt rechts stricken.

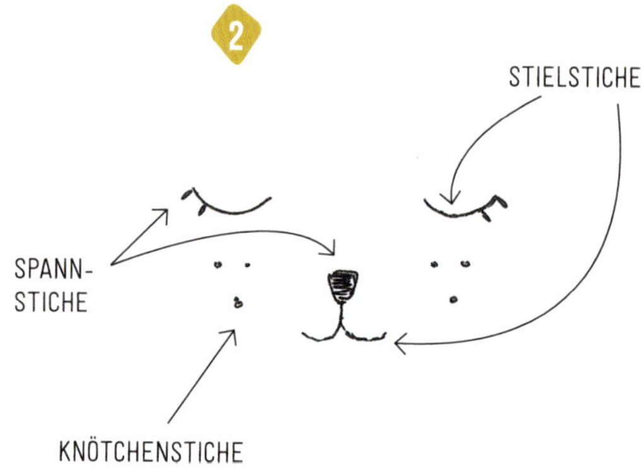

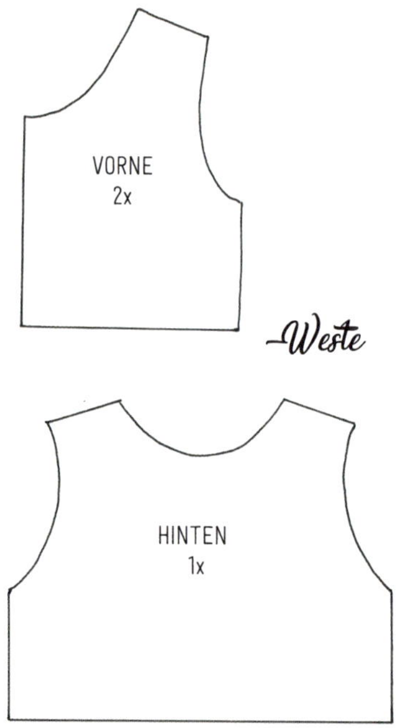

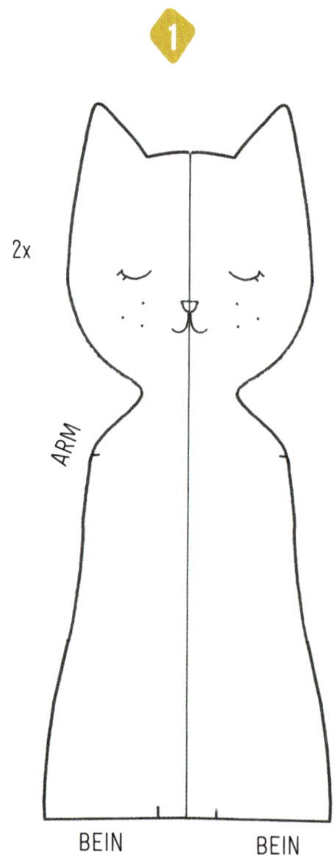

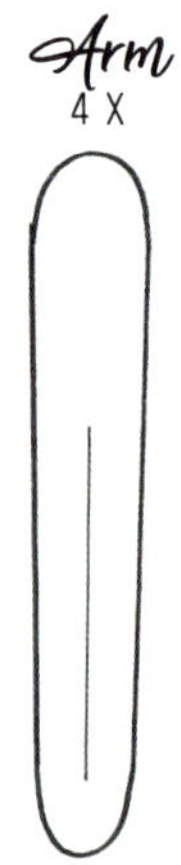

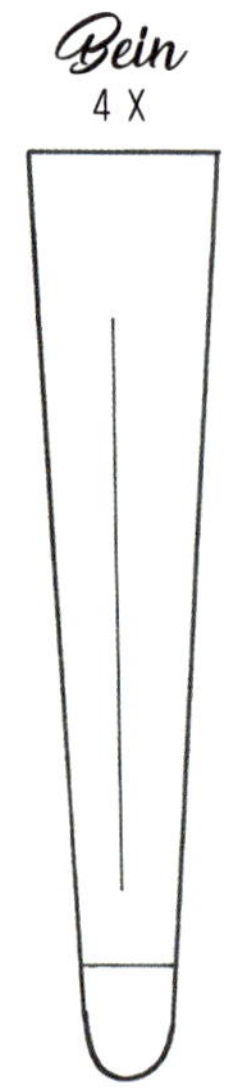

Körper, Arm, Bein und Weste auf **235 %** vergrößern.

4

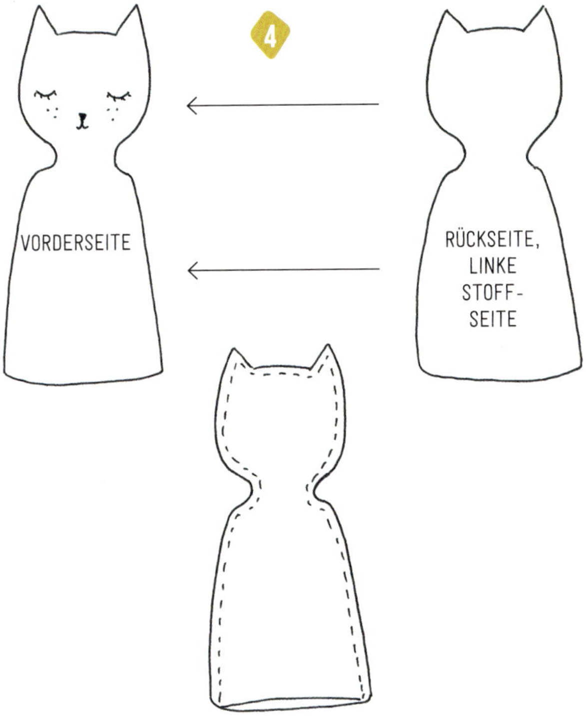

5

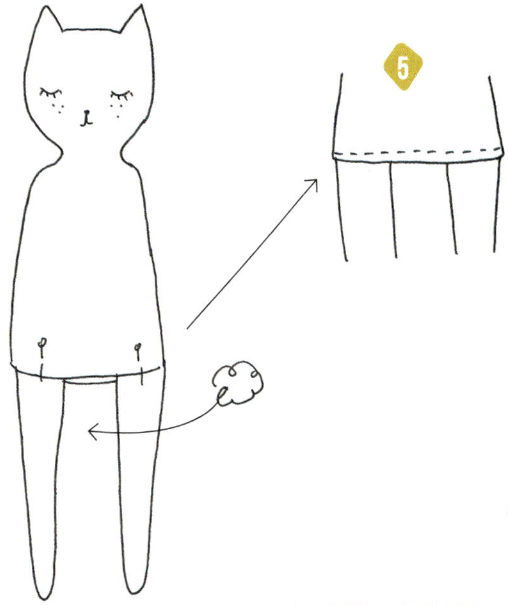

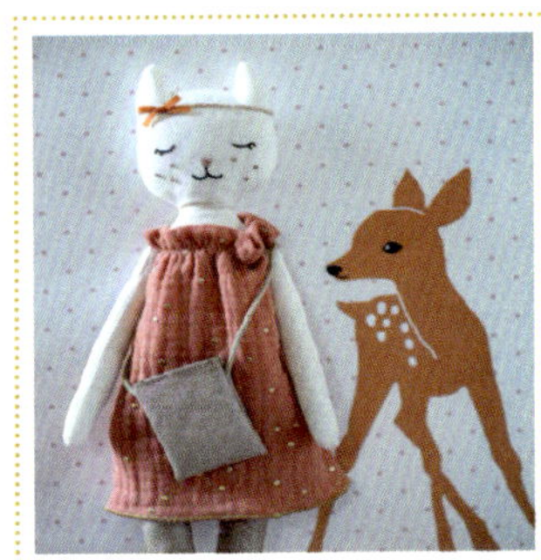

Weste

8

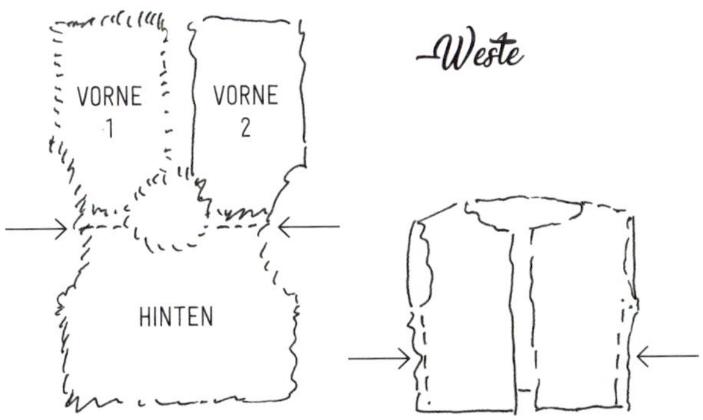

Tasche

9

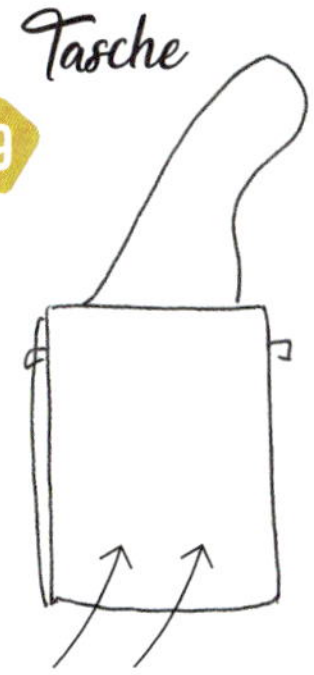

LEVEL

HÖHE
33 CM

VORNEHME GEISHA

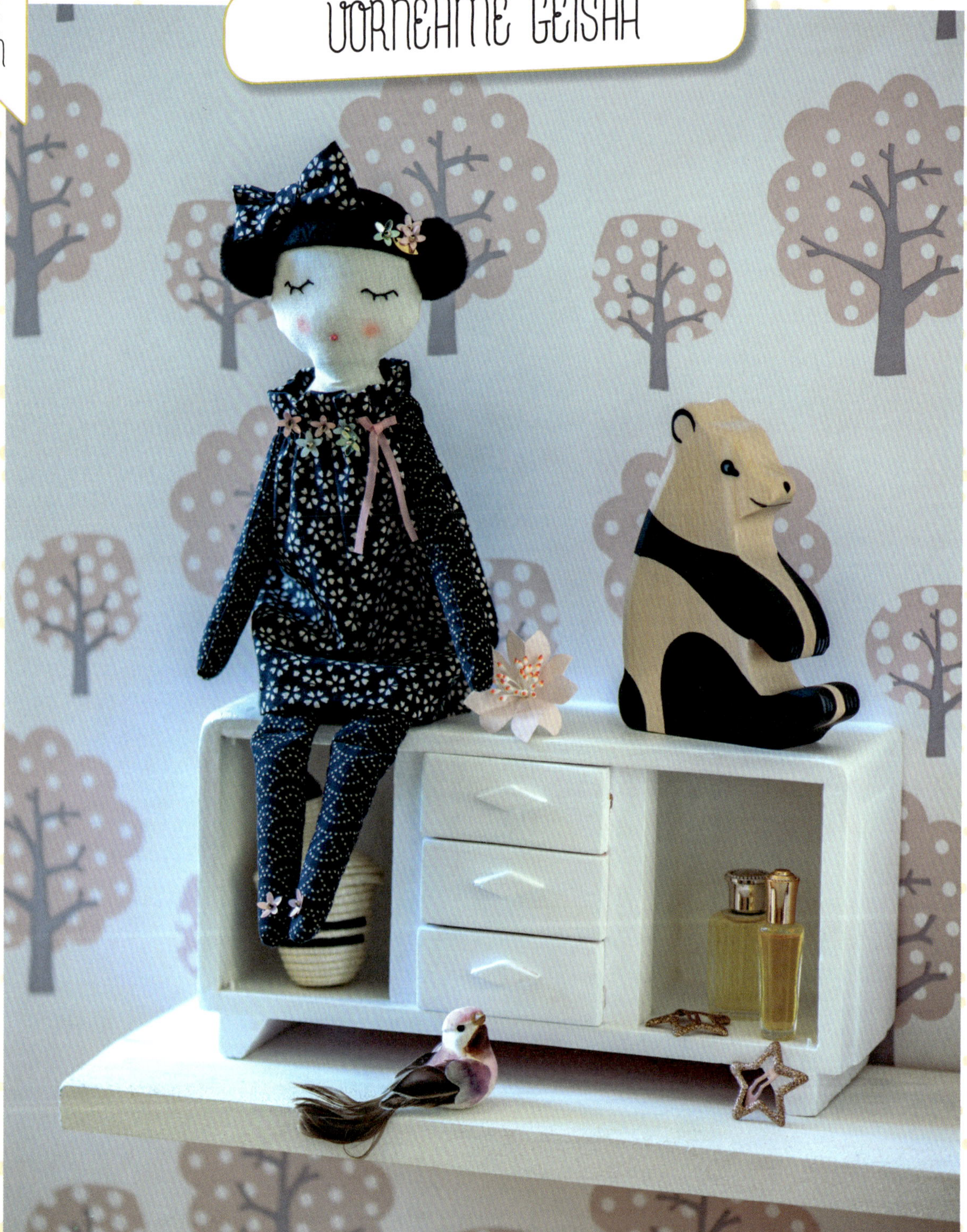

PAULA IM PYJAMA

LEVEL

HÖHE 23 CM

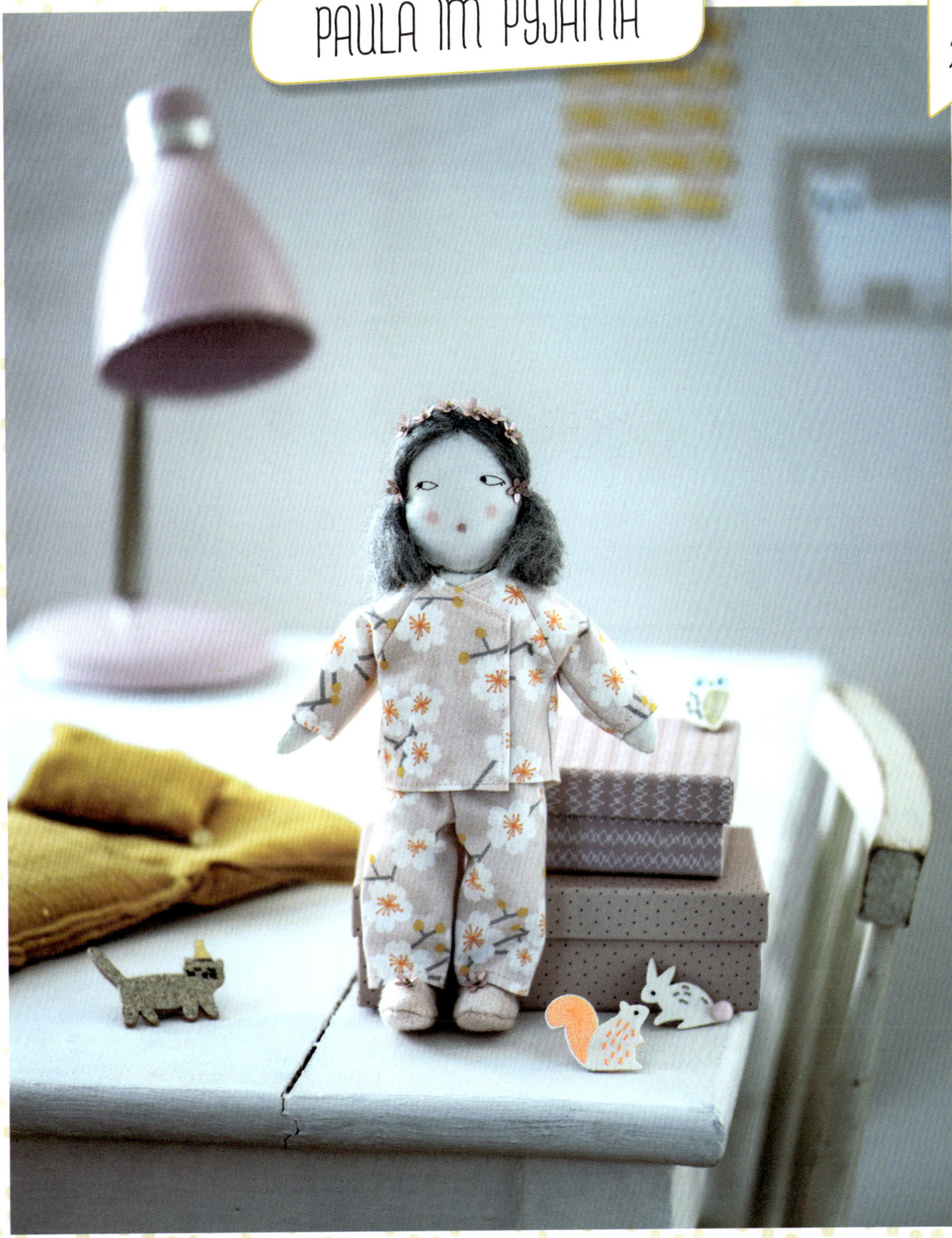

VORNEHME GEISHA

MATERIAL

20 x 140 cm Baumwollstoff in Ecru •
1 Coupon Stoff mit Blumenmuster • 1 Coupon Stoff mit Wellenmuster •
Wollstickgarn in Schwarz und Rot • Satinband in Rosa, 3 mm breit •
10 cm Wollfilz in Schwarz • 2 schwarze Pompons, 2,5 cm • Blümchenpailletten •
Stoffmalfarbe in Rosa oder echtes Puderrouge • Nähgarn in Blau und Schwarz •
16 cm Gummiband, 5 mm breit • Textilkleber • Wattestäbchen

1 ÜBERTRAGEN

Die Vorlagen vergrößern. Den Körper mit Durchschreibepapier auf ecrufarbenen Stoff übertragen.

2 STICKEN

Den Stoff in einen Stickrahmen einspannen. Augen (2-fädig, schwarz) sticken, den Mund in Rot. Aus dem Stickrahmen lösen und den Körper zuschneiden.

3 HAARE

Die Haare aus Filz zuschneiden, dabei nur an der Rundung 1 cm Nahtzugabe vorsehen. Auf den Kopf nähen.

4 BEINE

Die Beine aus dem Stoff mit Wellenmuster zuschneiden. Rechts auf rechts zusammennähen, oben offen lassen. Wenden und ausstopfen. 8 cm oberhalb der Fußspitze das Kniegelenk quer absteppen.

5 ZUSAMMENNÄHEN

Vorder- und Rückseite der Puppe rechts auf rechts zusammennähen, dabei die Unterkante offen lassen.

6 AUSSTOPFEN

Die Puppe auf rechts wenden, die Beine feststecken und den Körper ausstopfen. Die Öffnung zunähen.

7 KLEID

19 x 30 cm aus Blumenstoff zuschneiden. Eine Längskante nach links umschlagen und festnähen, dabei das gedehnte Gummiband aufsteppen. Die untere Hälfte der Schmalseiten rechts auf rechts zusammennähen, die Unterkante säumen. Das Kleid auf rechts wenden und über den Puppenkörper ziehen.

8 ARME

Die Arme ebenso wie die Beine zuschneiden, zusammennähen, Öffnung lassen. Wenden, ausstopfen, Öffnung mit der Hand zunähen. Dann die Arme mit doppeltem Faden festnähen wie auf Seite 82/84 beschrieben.

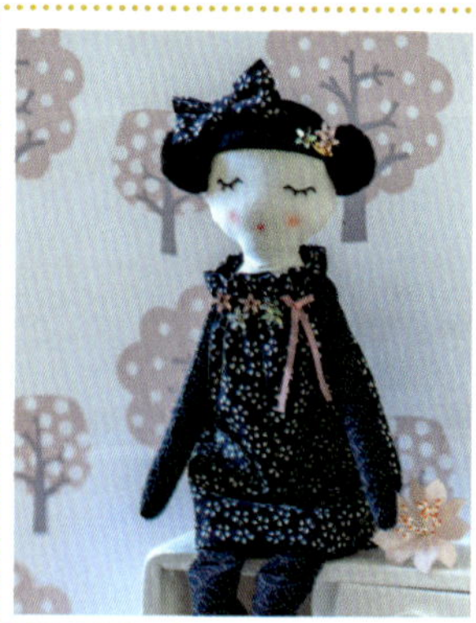

Das Kleid wird mit einem rosa Schleifchen verziert.

9 FERTIGSTELLUNG

Die Pompons rechts und links an den Kopf kleben. Für die Schleife 2 Stücke Blumenstoff zuschneiden. 6 x 13 cm: Die Längsseiten nach links einschlagen, dann das Stück längs zur Hälfte falten und zusammennähen. Die Enden des so entstandenen Streifens zur hinteren Mitte legen und feststeppen. 2,5 x 3,5 cm: Längs zur hinteren Mitte falten, quer um die Mitte des größeren Elements legen und festnähen. Die Schleife und einige Blümchenpailletten an die Haare nähen. Weitere Pailletten auf Kragen und Füße nähen. Am Kragen ein rosa Schleifchen festnähen.

Das Wattestäbchen in Stofffarbe tauchen und damit die Wangen betupfen. Am besten das Stäbchen dabei drehen. Trocknen lassen, dann bügeln, um die Farbe zu fixieren.

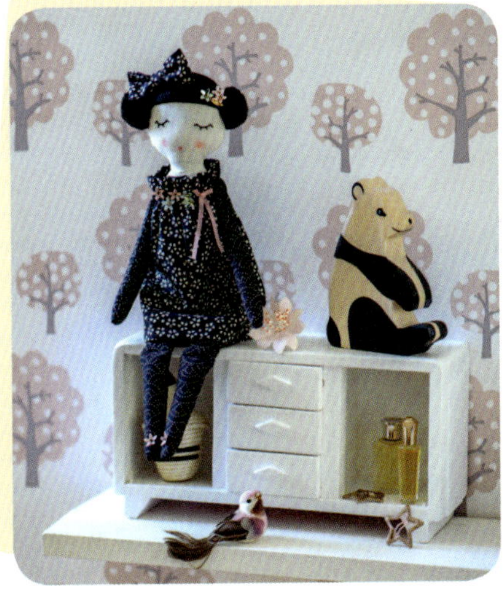

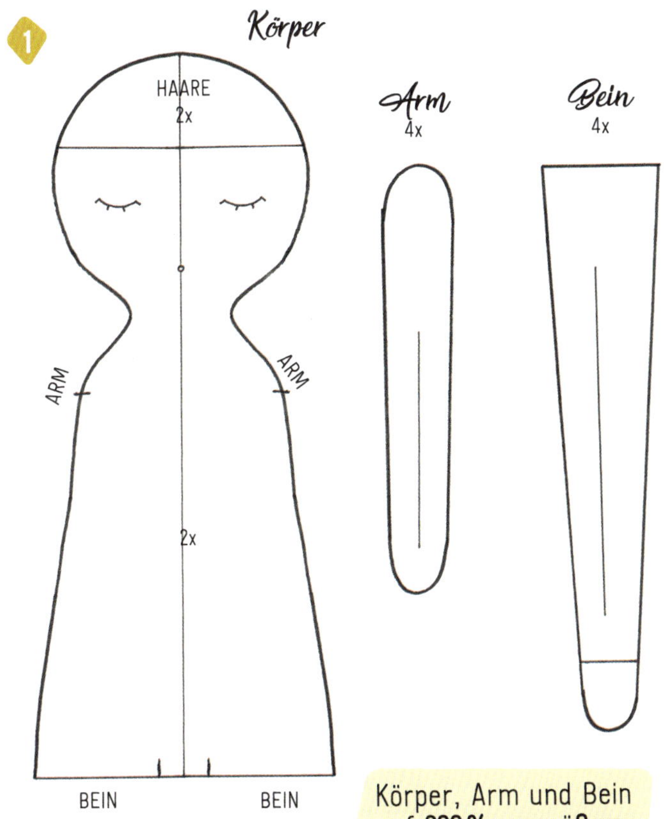

Körper, Arm und Bein auf **200 %** vergrößern.

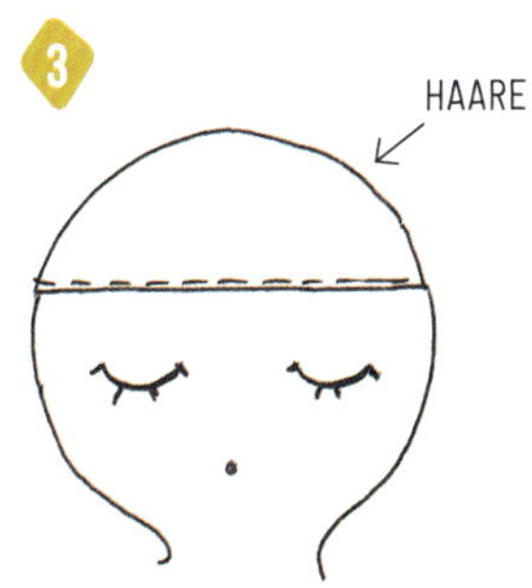

4

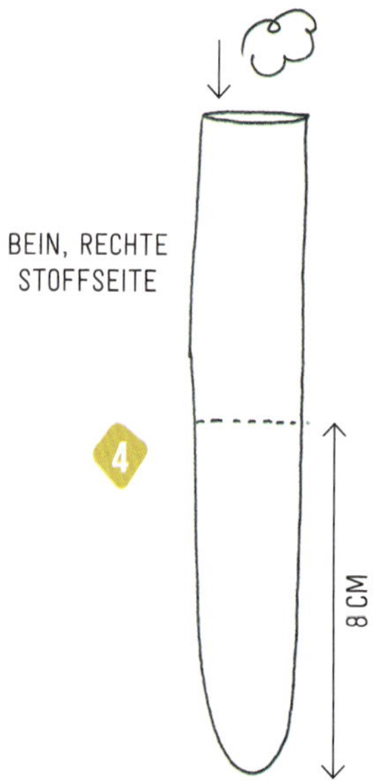

5

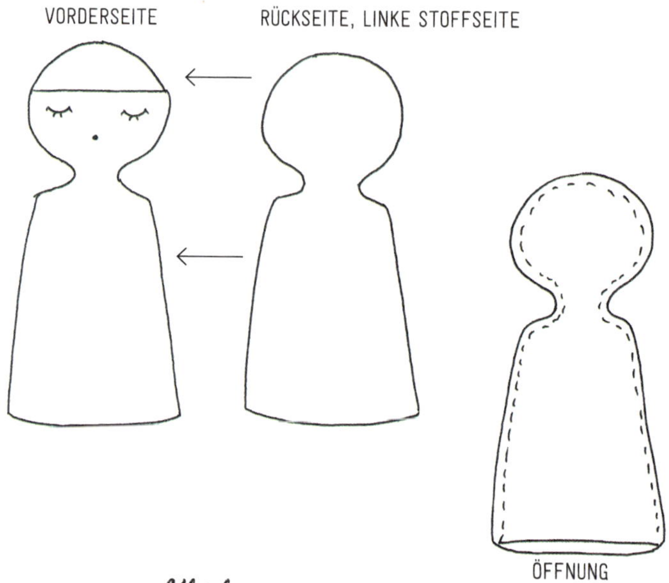

Kleid

7

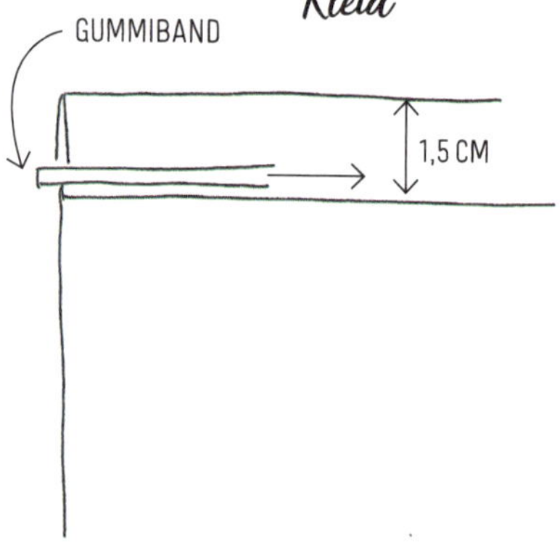

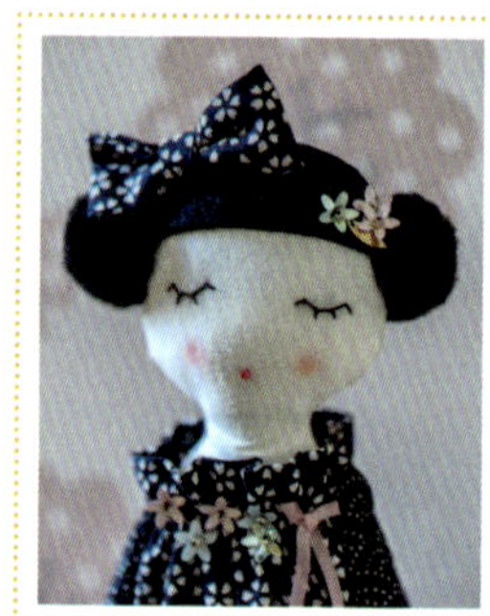

6

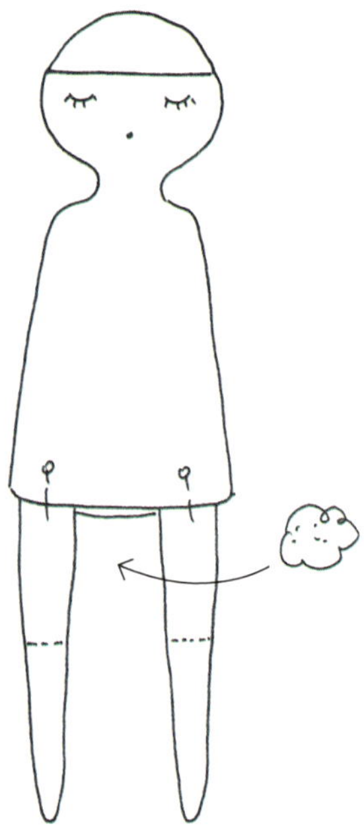

Schleife

9

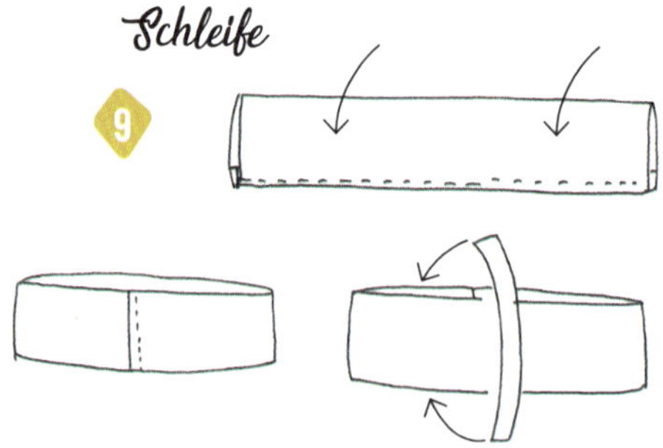

PAULA IM PYJAMA

MATERIAL

15 x 140 cm Baumwollstoff in Ecru ·
Coupon oder Stoffrest asiatisch gemusterter Stoff · 20 x 30 cm Filz in Hellrosa ·
Wollstickgarn in Rosa · extradicke Handarbeitswolle in Grau ·
12 cm Gummiband, 5 mm breit · Nähgarn in Grau und Ecru ·
Sternzwirn in Ecru · Blümchenpailletten · Saatperlen/Rocailles in Gold ·
1 kleiner Druckknopf · Stoffmalfarbe in Rosa oder echtes Puderrouge ·
Textilfilzstift in Schwarz · Wattestäbchen

1 ÜBERTRAGEN

Die Vorlagen vergrößern und mit Durchschreibepapier auf die Stoffe übertragen. NZ steht für »Nahtzugabe«.

2 GESICHT

Das Gesicht mit Durchschreibepapier auf den Stoff übertragen, mit schwarzem Textilfilzstift nachzeichnen und bügeln, um die Farbe zu fixieren. Den Mund im Knötchenstich sticken.

Den Kopf zuschneiden, die beiden Halbkreise für den Hinterkopf rechts auf rechts an der Rundung zusammennähen, dabei eine 2 cm lange Öffnung lassen. Das Gesicht rechts auf rechts an den Hinterkopf nähen. Die Nahtzugabe alle 5 mm einschneiden. Wenden, ausstopfen und die Öffnung mit der Hand zunähen.

3 ARME

Die Arme zuschneiden, je 2 rechts auf rechts zusammennähen, dabei eine Öffnung lassen. Wenden, ausstopfen und die Öffnung von Hand zunähen.

4 BEINE

Die Beine zuschneiden, je 2 rechts auf rechts zusammennähen, dabei eine Öffnung lassen. Wenden, ausstopfen und die Öffnung von Hand zunähen.

5 RUMPF

Die beiden Teile zuschneiden, rechts auf rechts zusammennähen, am Hals offen lassen. Den Rumpf auf rechts wenden, ausstopfen und die Öffnung von Hand zunähen.

6 ZUSAMMENNÄHEN

Arme und Beine mit Zwirn und einer langen Nadel annähen. Mindestens 2x durch jedes Teil stechen.

7 KOPF

Den Kopf an den Rumpf nähen. Wollfäden als Haare aufnähen und in der Mitte Blümchen und eine Perle befestigen. Mit dem Wattestäbchen rosa Stoffmalfarbe mit einer Drehbewegung auf die Wangen auftragen. Trocknen lassen, dann bügeln, um die Farbe zu fixieren.

8 PYJAMA

Die Ärmel oben und unten sowie die Kanten der vorderen Mitte der Jacke säumen. Vorderteile, Rückenteil und Ärmel an den Ärmelschrägungen rechts auf rechts zusammennähen. Halsausschnitt und Unterkante säumen. Den Druckknopf ans Vorderteil nähen.

Die Hosenbeinabschlüsse säumen. Zuerst die vordere und hintere Schrittnaht rechts auf rechts schließen, dann die inneren Hosenbeinnähte schließen. Die Oberkante der

Hose etwa 1 cm nach links umschlagen und sehr knappkantig feststeppen. Dabei eine kleine Öffnung lassen. Das Gummiband mithilfe einer Sicherheitsnadel durch diesen Tunnel fädeln und seine Enden zusammennähen. Dann die Öffnung von Hand oder mit der Maschine zunähen.

9 SCHUHE

Die Kanten von Sohle und Oberteil zusammenstecken und nähen. Danach die hintere senkrechte Naht schließen. Wenden und ein Blümchen auf jeden Schuh nähen.

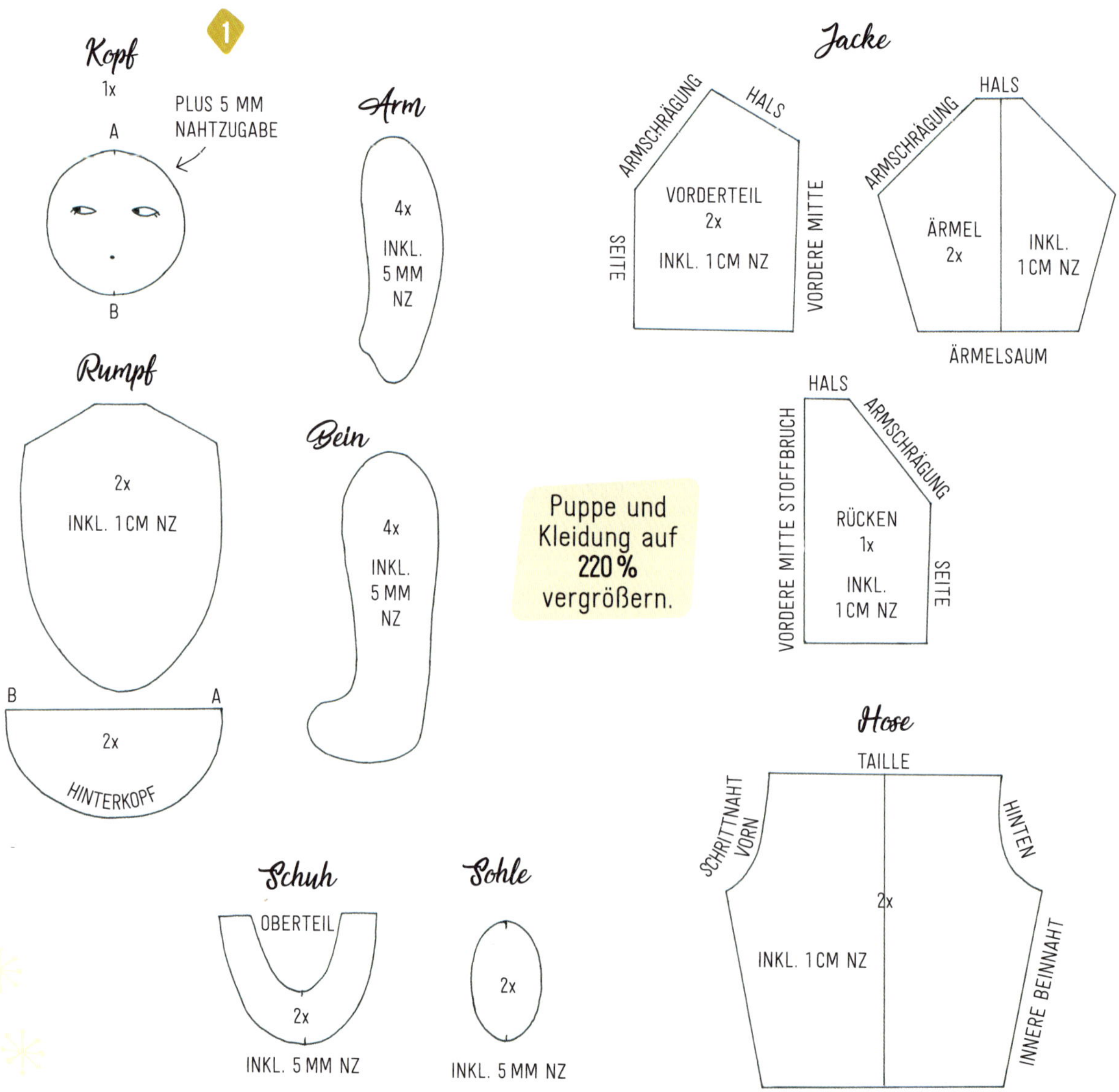

Puppe und Kleidung auf **220 %** vergrößern.

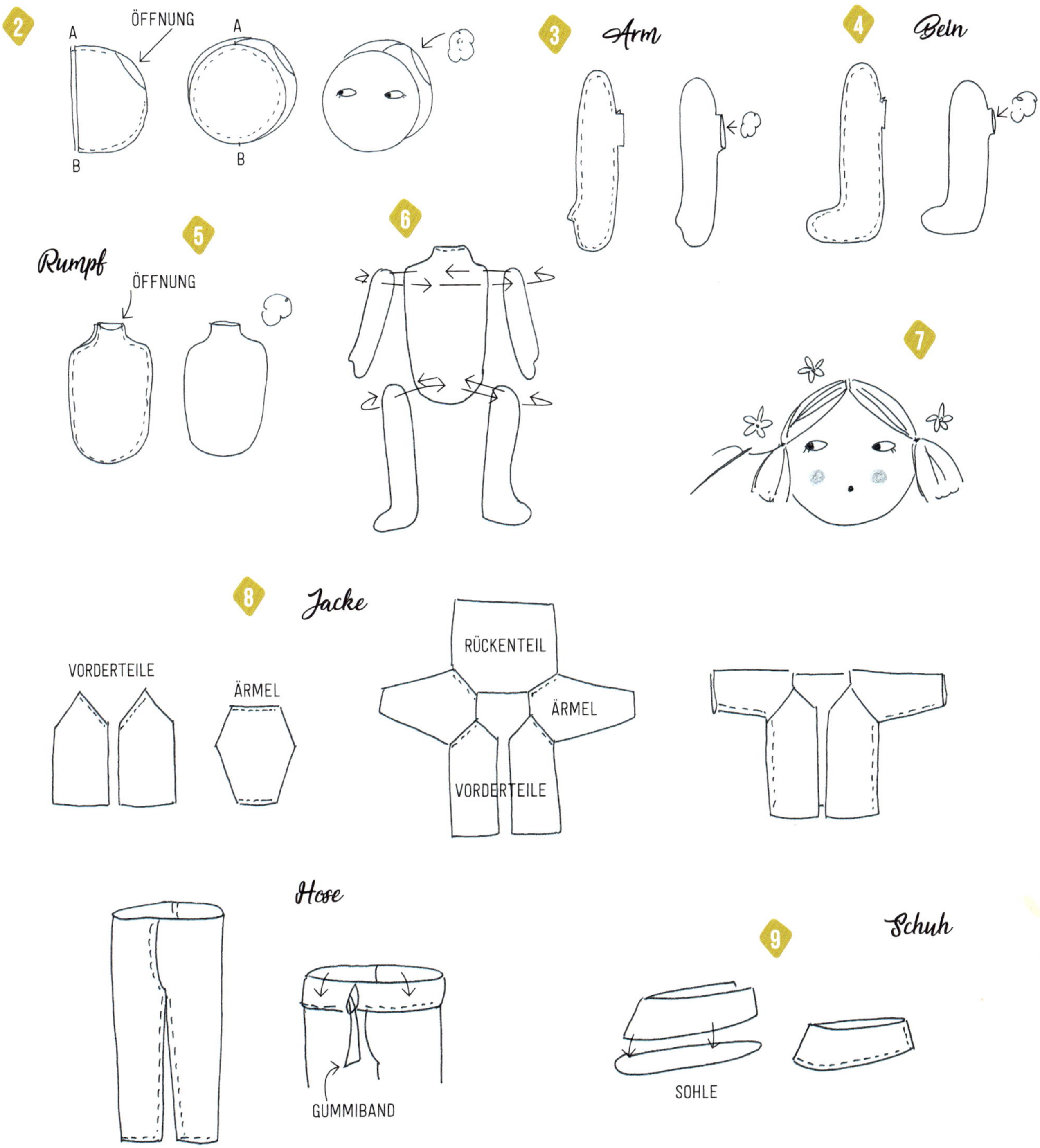
2
ÖFFNUNG
A
B
A
B
3
Arm
4
Bein
5
Rumpf
ÖFFNUNG
6
7
8
Jacke
VORDERTEILE
ÄRMEL
RÜCKENTEIL
ÄRMEL
VORDERTEILE
Hose
GUMMIBAND
9
Schuh
SOHLE

DANK

Herzlichen Dank an Manoa, unser kleines Model!

Vielen Dank an etoffe.com für die Tapeten von Ferm Living!

Requisiten: Tasche Nobodynoz (Seite 38), gestrickte Babyschuhe Petits Bouts (Seite 21), gehäkelte Mütze (Seite 54) und Schuhe (Seite 61) Created by Carolien, Wandsticker Mimilou (Seite 61, 73, 81), Geschirr Moulin Roty (Seite 20, 81)

Originalausgabe *24 doudous & poupées à coudre* erschienen bei:
© 2019, Éditions Marie Claire
Société d'Information et de Créations - SIC
Une société de Marie Claire Album
10 bd des Frères-Voisin 92792 Issy-les-Moulineaux
CEDEX 9 – France

Projektmanagement: Thierry Lamarre
Redaktion: Flore Beaugendre, Marion Pellé
Modelle, Anleitungen, Vorlagen: Karine Thiboult
Fotografie: Fabrice Demessence
Korrektur: Isabelle Misery
Gestaltung und Satz: Either studio / Valérie Verroye

Für die deutsche Ausgabe:
Produktmanagement: Theresa Peter
Übersetzung: Wiebke Krabbe, Damlos
Satz, Lektorat und Korrektorat: Lesezeichen Verlagsdienste, Köln
Umschlaggestaltung: Leeloo Molnár
Herstellung: Bettina Schippel, Stephanie Schlemmer
Repro: LUDWIG:media, Zell am See
Printed in Romania

Die Deutsche Nationalbibliothek verzeichnet diese Publikation in der Deutschen Nationalbibliografie; detaillierte bibliografische Daten sind im Internet über http://dnb.d-nb.de abrufbar.

ISBN 978-3-8410-6587-2

Sind Sie mit diesem Titel zufrieden? Dann würden wir uns über Ihre Weiterempfehlung freuen. Erzählen Sie es im Freundeskreis, berichten Sie Ihrem Buchhändler oder bewerten Sie bei Onlinekauf. Und wenn Sie Kritik, Korrekturen oder Aktualisierungen haben, freuen wir uns über Ihre Nachricht an Christophorus Verlag, Postfach 40 02 09, D-80702 München oder per E-Mail an lektorat@verlagshaus.de.

Unser komplettes Programm finden Sie unter

www.christophorus-verlag.de

PEFC zertifiziert
Dieses Produkt stammt aus nachhaltig bewirtschafteten Wäldern und kontrollierten Quellen
PEFC/46-31-13
www.pefc.de

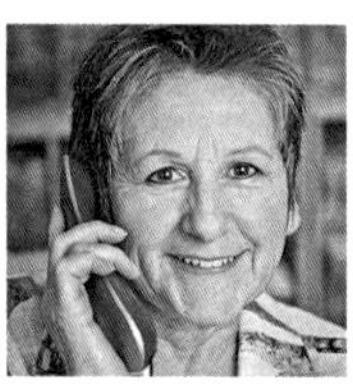

Kreativ-Service

Sie haben Fragen zu den Büchern und Materialien? Frau Erika Noll ist für Sie da und berät Sie rund um alle Kreativthemen. Rufen Sie an! Wir interessieren uns auch für Ihre eigenen Ideen und Anregungen. Sie erreichen Frau Noll per E-Mail: mail@kreativ-service.info oder Tel.: +49 (0) 5052 / 91 18 58